환경교육을 위한 메타버스 구축 사례

메타버스 환경교육

프로젝트 FOR 에듀테크

박 찬, 문윤정, 김새롬, 문준영, 최성구,
김한일, 김한이, 정혜현, 현진우, 남선정 지음

메타버스 FOR 환경교육 프로젝트 에듀테크

초판 1쇄 인쇄	2022년 1월 17일
초판 1쇄 발행	2022년 2월 1일

저자	박 찬, 문윤정, 김새롬, 문준영, 치성구, 김한일, 김한이, 정체현, 현진우, 남선전
기획	박 찬
책임편집	김 현
디자인	이시은(디자인 다인)

펴낸곳	다빈치 books
공동기획	㈜메타유니버스 www.metauniverse.net
출판등록일	2011년 10월 6일
주소	서울특별시 마포구 월드컵북로 375

팩스	0504-393-5042
전화	070-4458-4431
콘텐츠 및 강연 관련 문의	curiomoon@naver.com

* 이미지 리소스: ShutterStock의 정식라이선스를 사용하였습니다.

ISBN 979-11-86742-73-0

환경교육을 위한 메타버스 구축 사례

메타버스
환경교육
프로젝트 FOR
에듀테크

박 찬, 문윤정, 김새롬, 문준영, 최성구,
김한일, 김한이, 정혜현, 현진우, 남선정 지음

메타버스타고 메타스쿨에서 펼치는
생태환경교육

다빈치 books

저자의 말

　기후변화, 지구 온난화라는 용어를 들으면 이제 환경오염과 이상 기후로 인한 피해 등을 떠올리게 되었습니다. 기후변화가 수십 년이나 그 이상의 장기간에 걸쳐 지속되면서, 이제 '기후변화'는 기후의 평균 상태나 그 변동과 통계적으로 유의미한 상관관계가 있는 변화를 통칭하는 용어가 되었습니다. 2년 넘게 우리 생활을 바꾸고 있는 코로나19와 같은 전염병도 기후변화와 연관성을 주장하는 학자도 있습니다. 이렇게 기후변화가 일어나는 요인으로는 크게 자연적인 원인과 인위적인 원인이 있습니다.

　자연적인 요소의 대표적인 예로는 화산 분화에 의한 성층권의 에어로졸 증가, 태양 활동의 변화, 태양과 지구의 천문학적인 상대 위치 변화 등이 있습니다. 이러한 외적 요인 없이도 기후시스템은 자연적으로 변할 수 있습니다. 이는 온도, 습도, 강수, 풍속, 낮 길이 등 기후시스템의 다섯 가지 주요 구성요소 및 대기권, 수권, 빙권, 지권, 생물권 각 요소가 각기 상호작용하여 끊임없이 변화하기 때문입니다. 그리고 기후변화를 일으키는 인위적인 원인으로 대표적인 것은 인간이 배출하는 온실가스입니다. 1970년부터 2004년 사이에 지구 온실가스 배출량은 70%나 증가하였으며(IPCC[1], 2007), IPCC 제5차 평가보고서(2015)에 의하면 전 세계

---

1) IPCC(Intergovernmental Panel on Climate Change)는 기후변화에 관한 정부 간 협의체로 기후 변화에 관한 국제 연합 기본 협약의 실행에 관한 보고서를 발행하는 것이 주 임무이다.

온실가스 배출량이 매해 급격하게 상승하여 1970년부터 2011년까지 40여 년간 배출한 누적 온실가스가 1970년 이전 220년 동안의 누적 배출량과 비슷하다고 합니다. 따라서 온실가스 배출량을 줄이기 위한 국제적인 노력도 강화되고 있습니다.

이산화탄소와 같은 온실가스는 태양으로부터 지구에 들어오는 짧은 파장의 태양 복사에너지는 통과시키는 반면 지구로부터 나가려는 긴 파장의 복사에너지는 흡수하여 지표면을 보온하는 역할을 하게 됩니다. 결국 지구 대기의 온도를 상승시키는 작용을 하게 되는데, 이것이 바로 '온실효과'입니다. 산업혁명 이후 지속해서 다량의 온실가스가 대기로 배출되고 지구 대기 중 온실가스 농도가 증가해 지구의 지표 온도가 과도하게 증가하여 지구 온난화라는 현상을 초래하게 되었습니다.

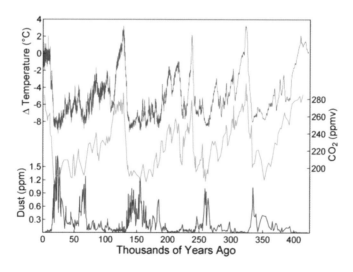

이산화탄소(CO2), 온도(Temperature), 먼지(Dust)의
45만 년간의 변화(남극대륙 보스토크의 얼음기둥에서 측정)[2]

---

2) 위키백과(https://ko.wikipedia.org/wiki/기후_변화)

지구 온난화는 기후변화를 일으키는 가장 큰 원인으로 평가됩니다. 하지만 정작 중요한 것은 우리가 이러한 지구 온난화가 '우리의 삶에 얼마나 영향을 주고 또 위협이 된다고 인식하는가의 여부'입니다. 많은 학자가 지구 온난화의 문제를 지적하고, 기후변화가 인류에게 주는 경고메시지를 주목하라고 강조하지만, 실질적으로 우리 생활 속에 아직은 큰 문제를 느끼지 못합니다. 우리 학생들이 살아오면서 우리의 삶에 가장 큰 위협이 되고 영향을 미친 것은 COVID-19로 인한 팬데믹이라고 생각할 것입니다. 그러나 세계의 과학자들은 지구 온난화로 인한 기후변화가 코로나19 이상의 더 큰 재앙을 몰고 올 것이라고 하면서, 인류가 대응할 수 있는 시간은 2030년까지라고 경고합니다. 지금 온실가스를 줄이고, 일회용품 사용을 제한하지 않으면 파국을 막기 위한 인류의 마지막 기회마저 잃게 될 것이라고 합니다.

UN 세계기상기구는 '2020 글로벌 기후보고서(The State of the Global Climate 2020)'를 통해서 2020년 코로나19 팬데믹 속에서도 지구 평균 온도는 관측 이래 가장 높았다고 보고하였습니다. 코로나19 팬데믹의 영향으로 산업·경제 활동이 급감했음에도 지구 온난화는 가속되었다고 합니다. 특히 그린란드 얼음이 40년 위성 관측 이래 최대 수준으로 작아지면서 지구 평균 해수면이 가파르게 상승하였습니다. 이런 가파른 지구 온난화로 2020년 지구 평균 온도가 지구 산업혁명 이전보다 1.2℃ 상승했는데, 이는 최악의 기후 위기를 막기 위한 파리 협약의 목표였던 1.5℃와 불과 0.3℃밖에 차이가 나지 않습니다. 기존 목표치인 1.5℃를 넘게 되면 해수면 상승으로 인해 우리나라는 김포공항과 인천공항, 부산 일대를 비롯해 국토의 6%가 침수될 것으로 예측할 수 있습니다. 1.5℃를 넘지 않기 위해 2030년까지 전 세계는 2010년 대비 이산화탄소 배출량을 최소 45% 감축해야 하는데, 지금의 전망은 단 1%를 줄일 수 있다고 예상합니다.

이제 우리는 교육을 통해 미래세대가 기후변화에 대한 감수성과 기후변화 문제에 대응하는 소양과 역량을 높여야 합니다. 사회 구성원들이 기후변화에 대응하는 소양과 역량을 갖추는 것은 앞으로 탄소 중립을 달성하고, 기후변화에 안전한 사회를 만들어가기 위해서 매우 중요한 요소일 것입니다. 이런 교육이 어려서부터 여러 방법으로 다양하게 이루어져서 학생들의 생각과 태도에 영향을 줄 수 있습니다.

『메타버스 환경교육 프로젝트 for 에듀테크』는 기후변화, 지구 온난화 문제에 대한 심각성과 우리가 가져야 할 생각과 태도, 실천방안 등 기후변화 교육을 메타버스라는 환경에서 실현하면서 학생들의 관심과 교육적 효과를 얻기 위해 교사들이 현장에서 연구하고 노력한 결과물을 담았습니다.

시드볼트(seed vault)와 기후 위기 교육을 연계한 기후 위기 공감 배움터, 학생들이 환경 관련 논제를 가지고 찬반 토론을 하는 환경토론실, 학생들이 직접 환경단체를 만들고 활동해보는 환경단체 활동실을 소개하였습니다. 또한 기후 위기와 관련된 내용을 정리하여 전시하고 발표하는 환경박람회, 직접 가서 체험할 수는 없지만, 원격 현장학습을 통해서 온라인 체험을 해보는 현장 체험학습, 숲 지킴이로서 환경 챌린지에 도전하고 생활 속 환경 보호 활동을 실천하는 환경 챌린지, 자원 새활용을 실천해보는 새활용품 발명실, 인공지능 도구를 활용하여 환경송을 제작하여 공유해보는 인공지능 환경 음악실 그리고 교육청 단위에서 함께한 환경교육한마당 사례도 담았습니다.

특히 『메타버스 환경교육 프로젝트 for 에듀테크』에는 비대면 환경교육을 실천하기 위해서 게더타운을 구축하여 활용한 사례를 담았습니다. 다른 메타버스 플랫폼과 비교해 게더타운의 가장 큰 장점은 참여자들의 회원가입이 없이 참여할 수 있다는 점입니다. 로블록스나 제페토, 이프랜드와 같은 플랫폼은 참여자들도 반드시 회원가입을 하고 로그인을 해야 플랫폼을 사용할 수가 있습니다. 하지만 모든 학생이 플랫폼에 가입하고 아이디와 비밀번호를 지정하고 로그인하는 게 무척 어려운 일입니다. 가입하기도 쉽지 않지만, 학생들이 아이디와 비밀번호를 잊어버려서 로그인이 안 되는 경우도 자주 발생합니다. 따라서 회원가입 없이도 참여할 수 있는 메타버스 플랫폼은 학생들과 수업할 때 매우 큰 장점이 있습니다. 게더타운은 회원가입이 필요 없다는 점에서 여타의 플랫폼과 비교할 때 사용자의 접근성과 활용성이 매우 높다고 할 수 있습니다. 회원가입이 필요 없다는 사실에 대해서 의아해하는 분들도 계십니다. 하지만 공간을 제작하는 제작자의 경우 공간 관리를 위해서 계정등록이 필요하지만, 단순히 참여자로 공간을 활용할 때는 게더타운 공간으로 연결되는 링크(URL)만 있으면 누구든지 접속하여 수업에 참여할 수 있다는 점을 밝혀둡니다.

또한 게더타운은 다른 메타버스 플랫폼보다 공간을 커스터마이즈(custermize)하기가 쉽습니다. 커스터마이징(customizing)은 사용자가 원하는 형태로 제품이나 서비스를 원하는 형태로 재구성하거나 재설계하는 것을 의미합니다. 즉, 게더타운 공간을 사용자가 원하는 형태로 마음대로 재구성하여 사용하기가 쉽다는 것입니다. 토론수업, 협동학습, 모둠수업, 미술 감상 수업, 전시회 등 다양한 수업의 형태에 맞게 공간을 재구성하는 것이 가장 쉬운 플랫폼이 게더타운입니다. 따라서 대학에서 환경교육을 할 때 대학생들이 간단히 공간을 구성하고 그 안에 프로젝트 결과물들을 전시하는 등의 활동이 매우 쉽습니다.

또 게더타운은 외부에서 검색을 통해 접속할 수 없습니다. 게더타운으로 메타버스를 만든 공간 관리자가 참여자들을 초대할 때는 링크를 전달하여, 링크를 타고 접속하는 것만 가능하므로 외부 침입 없이 안정된 상태에서 수업을 진행할 수 있습니다. 이렇게 개인적인 공간이 인터넷에서 검색되지 않아 독립적인 데다, 학생들도 자신의 이름으로 아바타를 만들어서 수업에 참여할 수 있어서 메타버스 공간에 익명성으로 인해 생기는 문제를 최소화하고 초대받은 참여자들의 신분 파악이 가능하여 교사가 수업을 제어하기가 쉽습니다.

학생들과 게더타운을 활용하여 생태환경교육을 하려는 선생님들의 경우, 학생들의 디지털 안전을 위해 게더타운에서 개인정보 수집이 이루어지지 않도록 학생들이 구글을 동기화하는 형태로 회원가입을 하지 않는 것을 추천해 드립니다. 또한 교육을 위한 제한된 콘텐츠로만 구성된 공간에 학생들을 초대하더라도 보호자의 사전 동의를 구하고 링크에 참여할 때는 학생들의 실명을 사용하도록 하여 철저히 교사 관리하에 수업에 활용하기를 추천해 드립니다.

    생태환경교육의 중요성이 커지면서 초, 중, 고등학교뿐 아니라 대학에서도 생태환경교육이 이루어지고 있습니다. 『메타버스 환경교육 프로젝트 for 에듀테크』에서 시도되고 있는 여덟 개의 메타버스 공간과 환경축제를 통해 메타버스 시대를 살아가는 학생들이 기후변화, 지구 온난화에 관심을 두고 생태환경교육이 실현되기를 진심으로 바랍니다.

『메타버스 환경교육 프로젝트 for 에듀테크』 저자 일동

Contents

01
메타버스와
환경교육

————————

1. 위드 코로나,
   환경교육의 중요성 대두

(1) 위드 코로나 시대. 우리의 역할

코로나19 바이러스의 세계적 팬데믹 상황이 2년 동안 지속되고 있습니다. 포스트 코로나를 넘어 이제는 위드 코로나로 불리며 단계적 회복을 시행하고 있지만, 여전히 많은 사회·경제적 이슈와 안전에 대한 요구가 있습니다. 코로나19의 발생 원인은 다양하지만, 많은 연구가는 최근의 감염병들이 인류의 욕심이 빚어낸 생태계 파괴와 기후변화가 원인이라고 합니다. 이제 우리는 그 위기가 어디서부터 왔는지를 살펴보고 우리의 행동을 성찰해야 할 시점입니다.

(2) 전 세계 기후 위기 살펴보기

지구는 점점 푸른색을 잃어가고 있습니다. 인간의 무분별한 벌목과 경제개발, 석탄 연료 사용, 산업화 등을 통해 지구는 점점 뜨거워지고 있습니다. 지구온난화로 인해 뉴스에서 '폭염, 폭우, 폭설, 태풍, 가뭄, 이상 장마' 현상을 많이 볼 수 있습니다. 그리고 지구온난화 현상은 생태계와 복합적인 상호작용으로 인해 그 악영향이 점점 강해지고 있습니다.

최근에는 지구 시민들이 기후변화의 심각성에 대해 더 심각하게 인식하고 있습니다. UN은 전 세계인을 대상으로 기후 인식에 관한 여론 조사를 시행했는데, 지구인들이 기후변화를 전 세계적인 비상사태라고 인식하고 있으며, 이 위기를 해결하기 위해 더 과감한 조치를 촉구하고 있습니다. 인류의 종말을 초래할 수 있는 기후 위기로부터 인류를 지켜내기 위해 우리 모두의 노력이 필요할 때입니다.

(3) 환경교육의 중요성 대두

코로나19 사태 이후, 기후 위기로 인한 생태계 파괴가 얼마나 심각한 결과를 초래하는지 더욱 실감하게 되면서, 교실 안에서 환경교육에 대한 중요성이 대두되었습니다. 기존의 환경교육이 교육과정에서 머물러 있는 교육이었다면, 앞으로의 환경교육은 우리의 자발성을 기반으로 한 행동하고 실천할 수 있는 환경교육이어야 합니다.

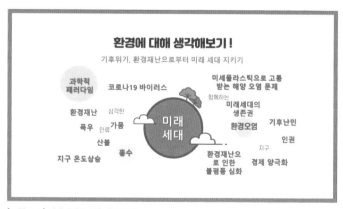

[그림 1-1] 미래세대를 위한 환경교육

2. 더불어 살아가는 교육, 환경교육

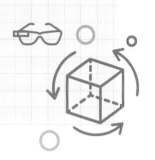

환경은 물, 내기, 토양, 생물을 포함한 생태계뿐 아니라 인공 환경과 인간 그리고 그 모든 것이 끊임없이 주고받는 상호작용까지 모두 포함하는 개념입니다. 즉, 환경은 나를 포함하여 나를 둘러싸고 있는 모든 것을 의미합니다. 최근 들어 생태라는 말을 많이 사용하는데, '생태'란 더불어 살아가기, 다시 말해 다양한 생명체들이 상호 관계 속에서 서로를 존중하며 살아가는 것을 뜻합니다.

환경 위기 속에서 지속가능한 발전을 추구하는 오늘날에는 '생태'라는 유기적인 상호작용에서 문제가 발생하면 결국 인간이 고통을 겪게 된다는 인식이 확산하면서 환경의 개념도 인간을 포함한 지구상의 모든 존재와 상생하는 개념으로 변화하고 있습니다. 특히 코로나19 이후, 사람들은 너의 안녕이 나의 안녕이 되어 모든 공동체가 서로의 안전과 평화를 위해 절대적으로 연결되었다고 생각합니다.

환경 보전의 중요성은 누구나 다 알고 있지만, 경제 발달과 풍요로운 생활을 위하여 환경적 딜레마가 발생합니다. 환경과 관련된 많은 문제는 이러한 딜레마 상황에 놓이는 경우가 많은 데, 우리 인류는 순간순간마다 이러한 상황에 부닥칩니다. 이러한 환경 딜레마에 처했을 때, 우리는 소통과 토론이 필요합니다. 즉, 인간과 인간, 인간과 생태계가 더불어 살아가기 위한 합리적인 의사 결정 과정인 대화가 필요합니다. 그리고 이러한 대화의 기술은 환경적인 지식과 함께 풀어갈 때 효과가 있습니다. 이러한 환경문제를 해결할 수 있는 중심 열쇠를 우리는 시민성에서 찾아봅니다. 우리가 가르치는 미래세대인 학생들이 평화와 공존의 가치를 갖추고 생태계 속에서 서로 연대와 협력을 통해 문제를 함께 해결해 나가는 것입니다. 이러한 시민성을 생태 시민성이라고 하며, 여기서 다음 세 가지의 핵심 가치를 추출하였습니다. 바로 '자율성, 공공성, 연대성'입니다.

자율성은 자기 결정권을 가진 개인이 공동의 합의를 통해 환경을 위한 규율을 만들고 이를 지켜나가는 것입니다. 공공성은 자율성을 가진 개인과 공동체가 공적인 것에 대해 논의하고 환경을 위한 공익 실현에 함께 참여하는 것입니다. 연대성은 자율성을 가진 개인과 공동체가 우리를 둘러싼 모든 환경에 소속감을 느끼고 상호 작용하며 살아가는 것입니다.

미래세대인 학생들이 환경문제를 나의 문제로 인식하여 기존 생활방식의 전환을 통해 생태적 가치를 중심에 두고 삶과 배움을 연계하는 노력이 필요합니다. 따라서 '같이'의 가치, 더불어 살아가는 환경교육이 우리 교실 안에서 필요한 것입니다.

3.   뉴노멀, 변화하는
새로운 환경교육

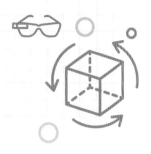

　시대의 변화에 따라 새로운 기준, 표준이 필요합니다. 교육 역시 급격히 변화하는 4차 산업혁명 시대의 흐름에 맞춰 새로운 움직임이 필요합니다. AI, IoT, SW 등의 디지털 환경은 대면 교육을 넘어서 시·공간적 제약을 초월한 우리 교육의 새로운 플랫폼으로 자리 잡고 있습니다. 학생들이 선호하는 디지털 매체인 유튜브, SNS 등 일상생활에서 즐기는 매체 및 ICT를 활용한 수업이 더 필요하게 된 것입니다. 현재를 살아가고 있는 학습자의 특성 및 흥미, 관심도에 적합한 새로운 학습 방법이 필요합니다. 그리고 실감 나는 최신기술을 담은 교육 콘텐츠를 교육에 적용하여 학생들의 흥미와 몰입도를 높이는 학습 전략이 필요합니다.

　이러한 급격한 시대의 변화와 더불어 코로나19 상황에서 학생들은 주로 화상 플랫폼을 활용한 원격 수업을 경험하였습니다. 하지만 학생들의 매체 흥미도가 떨어져서 배움에 대한 참여가 대면 수업보다 소극적일 수밖에 없었습니다. 이러한 블렌디드 수업의 단점을 극복하는 새로운 플랫폼으로 메타버스가 주목을 받고 있습니다. 실감 나는 최신기술을 담은 교육 콘텐츠를 가상공간에 적용하여 학생들의 흥미와 몰입도를 높여 뉴노멀 시대에 어울리는 환경교육을 제안해봅니다.

4. 메타버스를 통한 환경교육

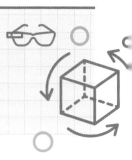

　메타버스 가상현실에서 학생들은 자신의 아바타를 가지고 친구들을 만나고, 같이 환경을 주제로 공부합니다. 또한, 현실 세계와 유사한 환경문제 상황을 제시하여, 현실 세계와 유사한 실재감을 느낄 수 있습니다. 그리고 학생들은 환경과 관련된 문제를 공유하며 문제해결을 위해 교류하면서 환경을 회복하고자 하는 욕구를 증진할 수 있습니다.

　다양한 교육적 장점을 가진 메타버스는 플랫폼의 장점도 가지고 있습니다. 접근성이 쉬운 플랫폼이기 때문에 어디서든 쉽게 참여할 수 있고, 놀이와 같은 매력적인 요소를 가미하여 학생들의 프로젝트 참여 욕구를 자극합니다. 이러한 장점을 가진 메타버스를 환경교육의 목적을 달성하는 수단이자 통로로 이 책에서 안내하고자 합니다. 또한, 메타버스 플랫폼을 활용한 다양한 교육적 사례를 제시하여 교실 안에서 쉽게 메타버스 환경 프로젝트를 계획할 수 있도록 자세한 사례를 보여드립니다.

　이 책의 모든 메타버스 환경프로젝트는 환경메타스쿨에 접속하시면 체험하실 수 있습니다.(에코 메타스쿨 : bit.ly/eco-metaschool)

[그림 1-2] 환경교육 플랫폼

02

환경 메타스쿨 플랫폼 만들기

———

1. 환경 메타스쿨 제작하기

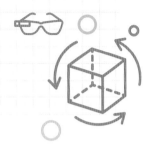

(1) 환경 메타스쿨 in 게더타운

환경 메타스쿨을 게더타운에 계획한 결정적 이유는 크게 두 가지입니다. 첫 번째 이유는 뛰어난 접근성입니다. 게더타운은 25명까지 무료로 접속할 수 있으며 인원이 25명을 초과하더라도 사용할 수 있습니다. 그리고 인원이 추가되어도 지급할 요금이 저렴한 편입니다. 또한, 별도의 회원가입 절차 없이 사용할 수 있습니다. 게더타운에 가입하는 것도 구글 아이디나 이메일 주소만 있으면 누구나 쉽게 접속할 수 있기에 접근성이 매우 좋습니다.

두 번째 이유는 공간을 직접 꾸밀 수 있다는 점입니다. 환경교육을 위해서 수업의 주제에 맞는 특별한 공간이 필요할 때가 많습니다. 환경교육은 실천을 통해 자기 삶과 연결하는 것이 중요하기 때문에 배움을 실천할 수 있는 다양한 공간이 필요합니다. 다른 메타버스 플랫폼은 화려한 그래픽과 실감 나는 아바타로 눈길을 끌지만, 공간을 직접 제작할 수는 없습니다. 공간을 구축할 때 앱을 내려받지 않고 바로 PC 웹상에서 가능하다는 장점도 있습니다.

(2) 환경 메타스쿨 아이디어 나누기

환경 메타스쿨을 어떤 모습으로 만들면 좋을지 아이디어 회의를 하였습니다. 그동안 교실이나 학교에서 실천했던 환경교육 사례를 공유하는 것으로 회의를 시작하였습니다. 여러 환경교육 실천 사례 중 실제 교실에서는 제약이 있으나 메타버스에서는 충분히 실천할 수 있는 활동을 고민해 보았습니다. 메타버스 공간에서만 가능하거나 메타버스 공간이어서 효과적으로 할 수 있는 환경교육 활동을 찾을 수 있었습니다. 이러한 배움과 실천을 중심으로 환경 메타스쿨 공간을 구상하였습니다.

환경 챌린지실, 새활용품 발명실, 환경 음악실, 환경토론실, 환경박람회 공간 등을 만들기로 계획하고, 프로젝트 진행 상황에 따라 필요한 공간을 추가로 제작하기로 하였습니다. 각학교, 학급 상황에 따라 학생 수가 다르므로 최소 24명의 학생이 수업할 수 있도록 책상과 의자를 배치하기로 하였습니다. 교실에서 모둠 수업할 때 보통 대여섯 개의 모둠으로 구성하므로 이와 같게 모둠 공간은 여섯 개로 정하였습니다.

(3) 환경 메타스쿨 광장 디자인하기

요정이 사는 작은 숲속 마을을 모티브로 환경 메타스쿨 광장을 구상하였습니다. 중앙에 화단을 배치하고 주변에 호수를 넣어 자연 친화적인 느낌을 연출하고자 하였습니다. 각 프로젝트 교실로 이동할 때, 버섯 모양의 집 이미지를 활용해 극적인 효과를 내고자 하였습니다. 버섯 모양의 집 이미지 위에 Portal 타일을 설정하면 다른 공간으로 이동하게 됩니다. 아바타가 버섯 모양의 집에 위치하면 마치 집 안으로 들어가는 것과 같은 효과를 낼 것입니다.

[그림 2-1] 환경 메타스쿨 광장 디자인 초안

　아바타가 움직일 공간이 한정적인 것 같아 광장을 조금 더 역동적인 느낌으로 바꾸어 보았습니다. 강, 다리, 돌길, 언덕 등의 환경을 보충하고 집의 배치를 변화하였습니다. 아바타가 나타나는 공간으로 활용하기 위해 광장 가운데에 원형 무대를 디자인하였습니다. 환경 메타스쿨에 접속해 광장에 아바타가 나타나면 재미있는 게임을 시작하는 느낌이 들 것입니다.

[그림 2-2] 환경 메타스쿨 광장 디자인 수정안

길 사이에 자갈, 꽃밭, 풀 등을 추가하고, 나무를 더 그려 넣어 아바타가 광장을 걸어 다니는 동안 숲속을 산책하는 느낌이 들도록 하였습니다. 환경과 사람이 공생하는 생태 도시의 필요 성을 강조하기 위해 원형의 돌 무대에 'ECO CITY'라는 문구를 넣었습니다.

[그림 2-3] 환경 메타스쿨 광장 디자인 최종안

(4) 환경 메타스쿨 공간 연결하기

① 아바타 입장 위치 지정하기_Spawn

중앙 원형 무대 이미지 위에 연두색 효과를 설정하였습니다. 이곳은 최초에 접속한 아바타가 입장하는 구역입니다. Spawn 타일을 여러 곳에 둔 까닭은 여러 명이 동시에 입장했을 때 아바타끼리 서로의 경로를 방해하지 않기 위해서입니다. Spawn 구역이 부족하면 입장이 원활하게 이루어지지 않기 때문에 주의해야 합니다.

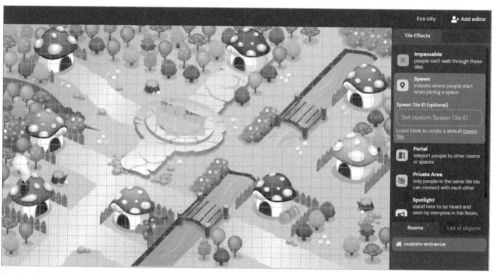

[그림 2-4] 아바타 입장 위치 지정하기

② 광장과 각 공간 연결하기_Portal

Portal 구역은 아바타들이 다른 교실이나 다른 공간으로 이동하도록 연결해주는 다리의 역할을 합니다. Portal을 문과 같이 이동을 의미하는 이미지에 지정하면 마치 아바타가 공간을 이동하는 듯한 효과를 낼 수 있습니다. 그래서 버섯 모양의 집 문 이미지 위에 각 프로젝트 교실로 이동하는 Portal을 설정하였습니다.

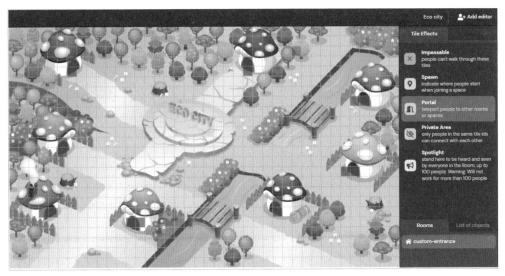

[그림 2-5] 광장과 각 공간 연결하기

③ 그 외 타일 효과 설정하기_Impassable, Spotlight

Impassable 타일을 활용해 아바타가 지나갈 수 없는 공간을 설정합니다. 그림의 붉은색 타일이 Impassable 구역입니다. 무대 밑이나 강 주변에도 Impassable 타일을 두어 평면 공간을 입체적으로 느끼도록 할 수 있습니다. Impassable 구역을 지정할 때 마우스 왼쪽 버튼을 클릭한 채, 드래그하면 넓은 영역도 쉽고 빠르게 지정할 수 있습니다.

Spotlight 타일을 배치해두면 교사가 모든 학생에게 안내해야 할 사항이 있을 때 유용하게 활용할 수 있습니다. Spotlight 구역으로 아바타를 이동하고 마이크를 켜면 공간에 있는 모든 사람에게 들리게 됩니다.

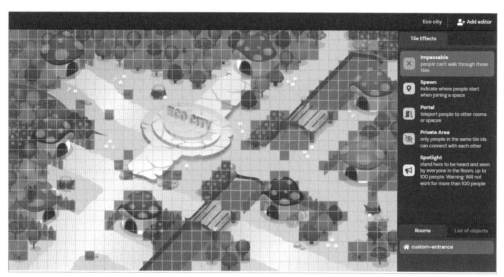

[그림 2-6] Impassable 타일 설정하기

2.   환경 메타스쿨 탐방하기

(1) 환경 메타스쿨 한눈에 보기

화면 위쪽 가운데에 있는 빨간 집을 기준으로 시계방향으로 보시면 첫 번째 프로젝트 교실이 연결되어 있습니다. 빨간 집부터 시작하여 분홍, 노랑, 남색, 파랑, 주황, 청록, 보라색 집의 순서가 프로젝트 실려 있는 순서와 일치합니다.

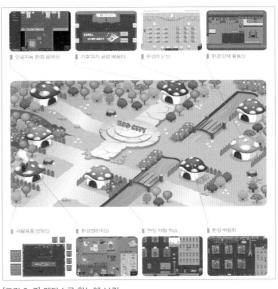

[그림 2-7] 메타스쿨 한눈에 보기

(2) 환경 메타스쿨 살펴보기

① 광장

환경 메타스쿨에 접속하면 캐릭터가 Spawn이 설정된 중앙의 돌 위에 나타나게 됩니다. 게임에 접속한 느낌이 듭니다. 이 로비에서 여덟 개의 환경 프로젝트가 이루어지는 공간으로 이동할 수 있습니다.

② 기후 위기 공감 배움터

기후 위기 공감 배움터는 학생들이 스스로 자료를 탐구하여 공유하는 자기 주도적 수업 공간입니다. 한 개의 맵에 있는 네 가지 영역에서 각 차시에 맞는 수업이 이루어질 수 있도록 자료와 에듀테크 프로그램을 준비하였습니다. 학생들은 시드볼트와 기후 위기의 상관관계를 알아보고 네이처링과 구글 PPT를 활용하여 우리 학교, 우리 마을 시드볼트를 직접 제작해봄으로써 기후 위기 대응 감수성을 신장할 수 있습니다.

[그림 2-8] 기후 위기 공감 배움터

③ 환경토론실

환경토론실은 환경 관련 논제에 대하여 찬성팀, 반대팀이 서로 자신의 의견을 말할 수 있는 공간입니다. 찬성 측과 반대 측 외에 배심원석과 사회자석을 마련하였습니다. 패들렛, 미로보드 등을 활용하여 수집한 자료를 정리하고 재가공할 수 있도록 하였습니다. 각 퀘스트의 활동 결과물을 오브젝트에 연결해두기 때문에 환경토론실은 수업 공간이면서 동시에 포트폴리오가 됩니다.

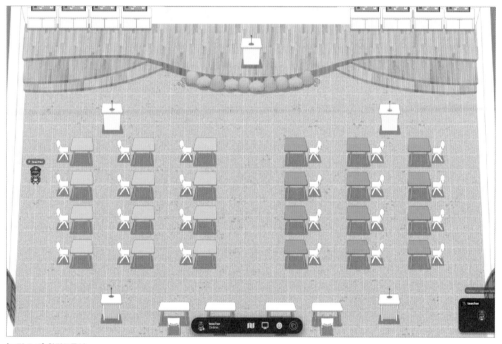

[그림 2-9] 환경토론실

④ 환경단체 활동실

환경단체 활동실에서는 학생들이 환경단체를 직접 만들어 활동하는 공간입니다. 각각의 미션이 주어지는 공간과 학생들이 환경단체를 만들 수 있는 공간이 존재합니다. 미션에서는 영상을 통해 학습하고, 오브젝트와 연결된 패들렛이나 자신의 공간에 이를 수행합니다. 학생들의 공간에 환경단체를 만들어 꾸미고, 가능하면 필요한 영상 및 다양한 자료들까지 연결하고 구성하여 환경단체 활동을 합니다.

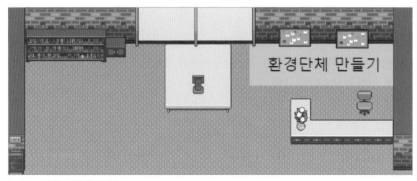

[그림 2-10] 환경단체 활동실(1)

[그림 2-11] 환경단체 활동실(2)

⑤ 환경박람회

환경박람회는 학생들이 조사했던 기후 위기와 관련된 내용을 온라인 사이트에 직접 전시하고, 발표할 수 있는 공간입니다. 일반적인 교실 공간과 박람회장 두 가지로 맵을 구성하였습니다. 패들렛과 화이트보드로 우리 조의 생각과 의견을 공유하고 구글어스를 이용해 다양한 지리적 위치와 기후적 특징을 파악하고, 환경 뉴스를 참고하여 우리 모둠이 발표할 자료를 탐색합니다. 그 후 여러 가지의 사진 자료를 활용하여 박람회장을 구성한 후, 구글 프레젠테이션을 이용하여 발표 자료를 협업으로 만든 후, 환경 큐레이터가 되어 다른 모둠의 친구들에게 발표할 수 있도록 구성하였습니다.

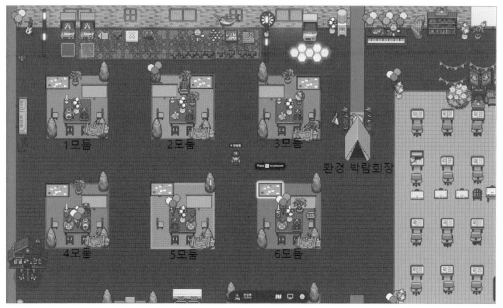

[그림 2-12] 환경박람회 교실

[그림 2-13] 환경박람회상

⑥ 현장 체험학습

현장 체험학습을 원격으로 갈 수 있도록 본 공간을 구성하였습니다. 게더타운에서 제공하는 교실을 기본으로 설정하였으며 오브젝트를 추가하여 활용하였습니다. 학생들이 어디로 현장 체험학습을 하러 가고 싶어 하는지 사전 설문을 연계한 오브젝트와 현장학습을 마친 뒤에 과업 제시를 위한 오브젝트, 만족도 조사를 위한 오브젝트가 있습니다. 아래에는 실제로 원격 현장학습을 갈 수 있도록 타 기관의 게더타운 스페이스 URL이 주어지거나, 포털 타일 효과를 활용하여 손쉽게 다른 스페이스로 이동할 수 있도록 구성하였습니다.

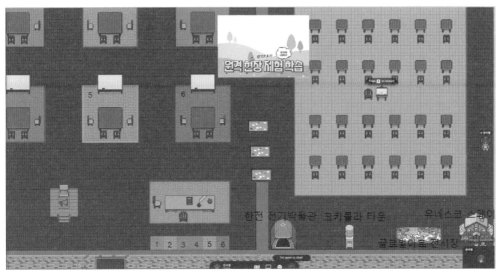

[그림 2-14] 현장 체험학습

⑦ 환경 챌린지실

환경 챌린지실에서 학생들은 지구 환경을 지키기 위해 '숲퍼 히어로'가 되어 환경 챌린지에 도전하고, 생활 속에서 환경 보호를 실천합니다. 하나의 공간을 네 개의 교실로 나누어 활용하였습니다. 우선 첫 번째 교실에서는 플라스틱과 관련된 그림책을 읽고 플라스틱 쓰레기의 심각성을 알아봅니다. 다음으로 두 번째 교실에서는 제로 웨이스트의 개념과 제로 웨이스트 실천 방안에 대해 학습합니다. 세 번째 교실에서는 실천하고 싶은 환경 챌린지를 선정하여 실생활 속에서 환경 챌린지에 도전합니다. 마지막으로 네 번째 교실에서는 숲퍼 히어로 수료식을 통해 환경 챌린지에 참여한 소감을 나누고 앞으로 실생활 속에서 환경 보호를 지속해갈 방안을 이야기합니다.

[그림 2-15] 환경 챌린지실

⑧ 새활용품 발명실

이 공간은 학생들이 업사이클링이라는 자원 새활용을 실천해보는 프로젝트 공간인데, 아홉 개로 구성되어 있습니다. ROOM 1은 새활용품의 개념을 알아보는 수업 공간입니다. 업사이클링이라는 용어 대신 새활용품이라는 용어를 익히고 우리 주변에 어떤 새활용품이 있는지 모둠별로 찾아보는 시간을 갖습니다. ROOM 2는 '새활용품의 시작은 분리수거다' 라는 것을 학생들이 깨달을 수 있도록 구성한 공간으로, 학생들이 플라스틱을 직접 분류해 볼 수 있습니다. 모둠 학습방 여섯 개는 모두 같은 공간으로 학생들이 모둠별로 협업하여 새활용품을 만들게 됩니다.

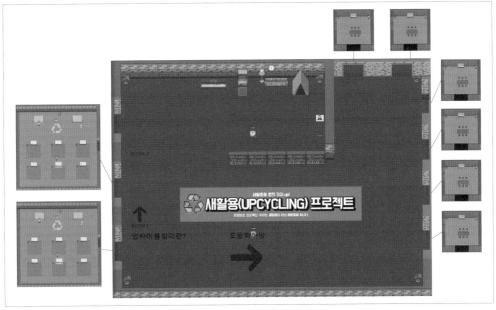

[그림 2-16] 새활용품 발명실

⑨ 인공지능 환경 음악실

인공지능 환경 음악실에서는 학생들이 인공지능을 활용하여 음악을 배우는 방법이 연결된 콘텐츠를 활용해 배울 수 있습니다. 자기 주도적으로 인공지능을 이용하여 음악을 만드는 방법을 배우게 됩니다. 인공지능 환경 음악실은 하나의 ROOM을 타일 효과를 활용해 여러 개의 공간으로 나누어 활용합니다.

환경송 작사 수업실에서는 학생들이 자신의 환경 목소리를 글로 작사하게 됩니다. 이때 패들렛을 이용하여 활동 결과물을 공유하고 서로 피드백합니다. 환경송 작곡 수업실에서는 자신이 작사한 곡에 음을 만들어봅니다. 이때 '구글 송 메이커'를 활용합니다. 작곡을 쉽게 도와주는 송 메이커를 활용하여 학생들은 쉽게 음악을 만들 수 있습니다. 음악 발표회 수업실에서는 학생들이 만든 음악을 공유하고 발표하는 공간입니다. 이 공간에서 학생들은 자신의 음악 창작물을 업로드하고 서로 음악을 즐기고 누릴 수 있습니다.

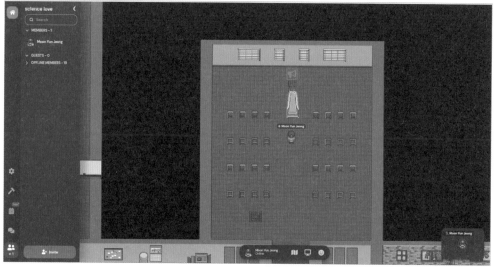

[그림 2-17] 인공지능 환경 음악실(1)

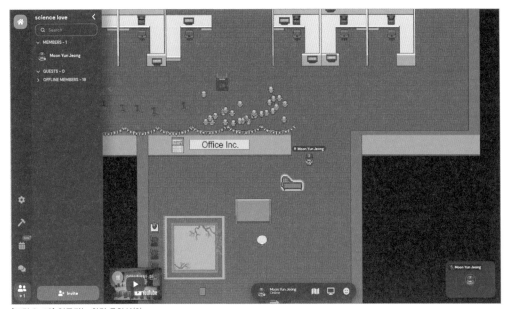

[그림 2-18] 인공지능 환경 음악실(2)

(3) 환경 메타스쿨 in 환경 프로젝트 둘러보기

'시드볼트가 열리지 않으려면', '환경 공감 토론', '환경단체 활동하기' 등 총 여덟 개의 환경 프로젝트가 메타스쿨에서 진행됩니다. 프로젝트 간 위계 또는 순서는 정해져 있지 않으며 프로젝트 번호는 임의로 선정하였습니다. 모든 프로젝트는 각각 네 개의 Quest(수업의 흐름)로 구성되어 있습니다. 프로젝트의 Quest와 게더타운과 함께 활용한 에듀테크를 정리해 두었으니 이를 참고하여 수업에 활용해주시기를 바랍니다.

	프로젝트명	Quest	활용 에듀테크
1	시드볼트가 열리지 않으려면 https://bit.ly/시드볼트	시드볼트 살펴보기(1)	구글 PPT 패들렛 네이처링
		시드볼트 살펴보기(2)	
		우리 마을 시드볼트!	
		나도 환경운동가!	
2	환경 공감 토론 https://bit.ly/환경토론	개발 및 보존 사례 알아보기	패들렛 미로보드
		개발이 없다면? 보존이 없다면?	
		4단 논법으로 생각 펼치기	
		전체 토론하기	
3	환경단체 활동하기 https://bit.ly/환경단체	환경문제 알아보기	패들렛
		다양한 환경단체 알아보기	
		환경단체 구호 정하고 꾸미기	
		환경단체 만들어 활동하기	

4	환경박람회 https://bit.ly/환경_박람회	기후 위기 살펴보기	구글 PPT 구글어스 패들렛
		기후 위기의 심각성 토론하기	
		박람회 자료 조사	
		우리는 환경 큐레이터!	
5	원격 현장 체험학습을 하러 가다 https://bit.ly/환경체험학습	장소 선정 및 기획하기	구글 폼 패들렛
		현장 체험학습 시작 전에	
		원격 현장 체험학습 시행하기	
		현장 체험학습을 다녀와서(평가)	
6	우리는 숲퍼 히어로 https://bit.ly/숲퍼히어로	플라스틱 섬 살펴보기	구글 PPT 패들렛 멘티미터
		제로 웨이스트란?	
		환경 챌린지 도전하기	
		숲퍼 히어로 수료식	
7	업사이클링 https://bit.ly/업-사이클링	새활용(Upcycling)이란?	구글 PPT 구글 설문 패들렛 협업드로잉
		새활용품의 시작은 재활용부터!	
		나만의 업사이클 만들어보기	
		새활용품 전시회 열기	
8	착한 지구인 음악회 https://bit.ly/착한음악회	인공지능과 음악 창작	송 메이커 패들렛
		환경송 작사하기	
		환경송 작곡하기	
		착한 지구인 음악회	

3.   환경 메타스쿨 접속하기

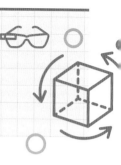

(1) PC로 접속하기

게더타운은 데스크톱이나 노트북으로 접속하는 것이 좋습니다. 모바일 안드로이드 기본 브라우저로 접속할 경우, 게더타운 접속이 불가합니다. 모바일 크롬의 경우, 접속은 가능하나 기능을 사용하는 데 한계가 있습니다. 모바일로 접속하면 화면이 작고, 단축키 사용이 어려워 Object(오브젝트)와의 상호작용이 어렵습니다. 간혹 카메라와 소리가 작동하지 않기도 하며 다른 공간으로의 포털 이동이 안 되기도 합니다. 게더타운 측에서도 모바일 지원이 아직 미흡하므로 PC를 사용하여 접속하기를 권장합니다.

Window 환경에서 구글 크롬과 엣지, 웨일 등 세 가지 모두 원활하게 작동합니다. 그러나 Internet Explorer에서는 작동하지 않습니다. 즐겨 쓰는 시스템의 포털사이트에 '게더타운' 이라고 검색하면 쉽게 찾을 수 있습니다. 게더타운 홈페이지(https://www.gather.town/)를 선택하여 접속합니다.

(2) 게더타운에 로그인하기

    게더타운을 처음 접속하였을 때 오른쪽 위에 Try gather free 버튼과 Log in 버튼이 보입니다. 로그인 버튼을 클릭하면 두 가지 로그인 방법을 확인할 수 있습니다. 첫 번째 방법은 구글 아이디를 연동하여 회원가입을 하는 방법입니다.

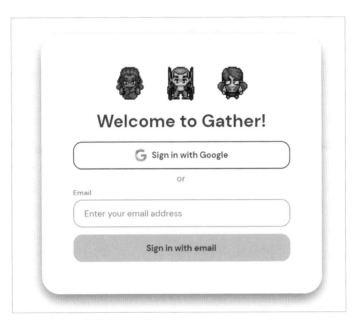

[그림 2-19] 게더타운 로그인 화면

    두 번째 방법은 회원가입을 하지 않고 이메일로 접속하는 방법입니다. 이메일 주소를 입력하면 여섯 개의 숫자 코드가 이메일로 전송되고 이를 확인하여 입력하면 게더타운 공간을 사용할 수 있습니다.

[그림 2-20] 게더타운 비회원 로그인 방법

(3) 게더타운 초대 링크로 참여하기

초대 링크를 브라우저 주소창에 붙여넣기를 하여 해당 공간으로 이동합니다. 비밀번호가 있는 경우, 비밀번호를 입력하고 Submit 버튼을 클릭하면 접속할 수 있습니다. 게더타운에서 사용할 이름을 입력하고, 캐릭터와 옷을 선택합니다. 카메라와 마이크, 스피커 사용 여부를 설정하고 Join the Gathering 버튼을 클릭하여 게더타운에 입장합니다.

환경 메타스쿨 in 게더타운에 접속하고 싶다면?

환경 메타스쿨을 만나고 싶다면 PC 크롬 브라우저에서 아래 주소를 입력해주세요. 지금 바로 환경 메타스쿨을 자세히 둘러볼 수 있습니다. bit.ly/meta-ecoschool

03

환경프로젝트
in 메타스쿨

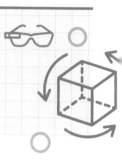

1. 시드볼트가 열리지 않으려면?

본 프로젝트는 시드볼트와 기후 위기와의 관계성을 파악하고 이를 통해 기후 위기에 대응할 방안을 학생들 스스로 찾아봄으로써 기후 위기 대응 환경 감수성을 높이기 위해 기획하였습니다.

시드볼트(seed vault)

각종 종자를 최후의 순간을 위해 영구저장하기 위한 시설. 수시로 넣었다 뺐다 하는 종자은행과는 다르다. 시드볼트는 전 세계에 단 2곳뿐이며, 작물 종자를 보관하는 스발바르 글로벌 시드볼트와 야생식물 종자를 보관하는 백두대간 글로벌 시드볼트가 있다.

출처: 나무위키

기존의 교사 중심 수업은 교사가 수업 시간에 자료를 제시하면 학생들은 수동적으로 자료를 받아들이고, 이를 분석·활용하여 배움 목표에 도달하였습니다. 하지만 블렌디드 수업이 확대되고 학생 참여가 중요해지면서 기존 수업의 모습에 많은 변화가 필요하였습니다.

메타버스는 이러한 수업 변화를 실행할 수 있는 좋은 공간입니다. 기후 위기 수업은 학생들이 어려워하고 위기와 관련된 심각성을 계속 이야기하기 때문에 학생들의 피로도가 높아질 수 있습니다. 학생들이 스스로 즐겁게 참여할 수 있는 공간으로 메타버스를 가져왔고, 이곳에서 학생들은 스스로 아바타를 움직이며 메타버스 공간 내에 있는 다양한 자료를 탐구하고 협의하면서 기후 위기에 대응하기 위한 실제적인 방안을 공유하였습니다. 배움 목표에 도달하기 위해 메타버스 내에 자료 탐색, 수업, 협의, 발표를 할 수 있는 공간을 만들어 한 공간에서 모든 학생이 함께 프로젝트에 참여하고 배움을 나누는 장을 마련하였습니다.

수업의 흐름

시드볼트 살펴보기 (콘텐츠 연계) → 시드볼트 살펴보기 (교사 수업) → 우리 마을 시드볼트! → 나도 환경 운동가!

[그림 3-1-1] 게더타운 구조도

이 프로젝트를 수행하기 위한 게더타운 구조도입니다. 게더타운 교실에는 총 네 개의 활동 공간이 있습니다.

① 시드볼트 살펴보기 공간에서는 학생들이 교사가 제시한 시드볼트와 관련된 자료를 수업 전 스스로 탐구함으로써 시드볼트와 기후 위기에 대한 사전지식을 배우게 됩니다.

② 시드볼트 살펴보기 공간에서는 학생들이 자료를 분석하여 사전에 탐구한 내용을 교사와 함께 이야기하고 시드볼트와 기후 위기와의 관계성에 대해 이해합니다.

③ 우리 마을 시드볼트 공간에서는 모둠별로 우리 학교, 우리 마을에 있는 식물들을 조사해 포트폴리오를 완성하는 공간입니다. 모둠별로 한 공간에서 서로 이야기를 나누고 구글 프레젠테이션에 우리 학교, 마을에서 볼 수 있는 식물을 작성하여 나만의 우리 마을 시드볼트를 완성합니다.

④ 나도 환경운동가 공간에서는 학생들이 기후 위기에 대응하기 위한 노력을 직접 생각하고 결과물로 만들어 발표해봄으로써 서로의 의견을 공유하고 기후 위기 대응에 대한 의지를 다지고자 합니다.

[표 3-1] 공간에 따른 수업 내용

단계	수업 내용
도입 [공간 1]	시드볼트 살펴보기(1) - 시드볼트 개념 이해하기 - 시드볼트의 중요성 이해하기
전개 1 [공간 2]	시드볼트 살펴보기(2) - 시드볼트 자료를 분석하고 느낀 점 공유하기 - 시드볼트와 기후 위기와의 상관관계 이해하기

전개 2 [공간 3]	우리 마을 시드볼트 - 우리 학교 식물 조사하기 - 우리 마을 식물 조사하기 - 모둠별 공간에서 구글 프레젠테이션을 이용하여 조사한 식물 정리하기 - 나만의 우리 마을 시드볼트 완성하기
결론 [공간 4]	나도 환경운동가 - 기후 위기에 대응하기 위한 개인 실천 노력 작성하기 - 실천 의지를 담은 슬로건, 피켓 완성하기 - 환경을 위한 나의 다짐 발표하기 - 환경을 위한 서로의 의견 나누고 공유하기

Quest 01. 시드볼트 살펴보기(콘텐츠 연계)

환경 프로젝트의 시작을 알리는 수업공간입니다. 학생들에게 이번 프로젝트의 수업 흐름을 안내하고 이 프로젝트에서 꼭 수행해야 할 과제를 안내합니다.

[그림 3-1-2] 프로젝트 안내

학생들은 이번 프로젝트를 통해 시드볼트에 대해 알아보고 시드볼트와 기후 위기와의 상관관계를 이해합니다. 그리고 우리 마을과 우리 학교의 식물들을 조사해 포트폴리오를 작성해봄으로써 우리 마을만의 시드볼트를 제작해봅니다. 마지막으로 기후 위기로 인해 시드볼트가 개방되지 않도록 우리가 할 수 있는 실천 노력을 포스터로 만들어 발표하고 나눔으로써 환경 감수성을 높이고자 합니다.

[그림 3-1-3] 시드볼트 살펴보기(1) 공간

시드볼트 살펴보기(1) 공간에서는 학생들은 이번 프로젝트의 주요 배움 자료인 시드볼트에 관해 탐구합니다. 시드볼트의 이해를 돕는 동영상 자료 두 개를 오브젝트에 연결하여 학생들이 시드볼트의 개념과 중요성을 자기 주도적으로 학습하여 이해할 수 있도록 돕습니다.

동영상을 통해 시드볼트에 대해 이해했으면 배움 정리 코너로 자리를 옮겨 시드볼트의 의미와 필요성을 보드에 각각 적어볼 수 있도록 하였습니다.

Quest 02. 시드볼트 살펴보기(교사 수업)

시드볼트에 대해 이해했으면 이번 수업은 환경 문해력을 기르기 위해 시드볼트와 기후 위기와의 상관관계를 교사와 함께 찾아보고자 하였습니다.

학생들은 모둠별로 협의를 통해 시드볼트가 열릴 수 있는 위기 상황에 대해 브레인스토밍을 했습니다. 마인드맵 프로그램을 이용하여 위기 상황으로 제시할 수 있는 키워드를 적어보고, 그 키워드에 들어갈 수 있는 세부적인 내용을 협의해서 적어보았습니다.

학생들이 주로 이야기한 키워드는 가뭄·홍수와 같은 기후 문제와 핵폭발·원전 사고와 같은 인간이 만드는 재앙, 전쟁·테러 등이었습니다.

키워드 간 상관관계에서 직접적인 연관은 실선으로, 간접적인 연관은 점선으로 연결해보면서 도식화해보았고 여기에 학생들이 직접 스티커를 붙여 가장 위험한 위기 상황을 선정해보았습니다.

우리 아이들은 시드볼트가 열릴 수 있는 위기 상황의 첫 번째로 기후 위기를 선정하였습니다.

[그림 3-1-4] 교사와 함께하는 학생 참여 수업

Quest 03. 우리 마을 시드볼트!

　이번 수업에서는 우리 마을의 식물자원을 알아보고 이를 포트폴리오로 제작함으로써 우리 마을만의 시드볼트를 제작해보았습니다. 네이처링 프로그램과 연계하여 우리 마을에 있는 식물의 종류를 먼저 알아보고 가정학습으로 부모님과 함께 집 주변, 공원 주변을 산책하며 발견한 식물을 사진으로 찍어 구글 프레젠테이션에 공유하였습니다.

　그리고 초등학교 4학년 과학 1단원 식물의 생활에서 학생들과 함께 학교 숲을 탐방하며 한 명씩 학교에 있는 새로운 식물을 찾아오는 릴레이 자연 관찰 활동을 하였습니다.

　학생들이 모은 식물데이터를 프레젠테이션에 포트폴리오로 저장하여 가상의 우리 마을 시드볼트를 만들었습니다. 그리고 커뮤니티 맵핑 활동을 통해 식물데이터를 지도로 만들어 공유하며 새로운 형태의 생태지도를 제작하였습니다.

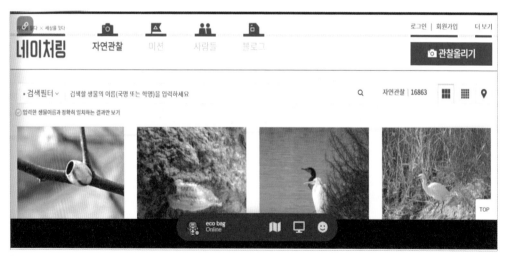

[그림 3-1-5] 네이처링을 이용한 마을 식물 알아보기

[그림 3-1-6] 우리 학교 식물 포트폴리오

[그림 3-1-7] 우리 마을 식물 커뮤니티 맵핑

Quest 04. 나도 환경운동가!

학생들은 우리 마을의 식물을 관찰하고 공유함으로써 생태 감수성을 기를 수 있었고 시드볼트와 기후 위기와의 상관관계를 이해하며 환경 문해력을 길렀습니다.

이번 수업에서는 그동안 학생들이 배운 내용을 최종적으로 정리하여 발표하고 나누는 활동을 진행하였습니다. 미리캔버스를 이용해 기후 위기에 대응하기 위한 개인의 실천 노력을 포스터로 제작해보았습니다.

출력 후 바로 피켓으로 제작할 수 있도록 포스터에 들어가는 슬로건 문구를 최대 20자로 제한하였고 문구, 그림, 색상 등을 잘 배치하여 가시성이 높은 포스터를 제작하였습니다.

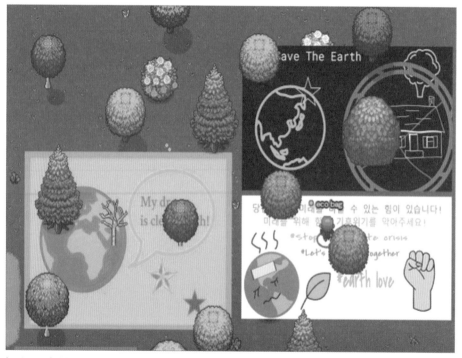

[그림 3-1-8] 기후 위기 대응 포스터 결과물 작품 전시

포스터 제작을 마치고 학생들은 포스터를 소개하고 다른 사람들의 기후 위기 대응 실천 의지를 북돋을 수 있는 짧은 연설문을 작성하였습니다. 그레타 툰베리의 연설 영상을 짧게 시청한 후 자신만의 생각이 담긴 글을 써보았습니다.

그리고 게더타운에 연단을 만들어 마치 학생들이 세계 어린이·청소년 환경회의의 위원이 되는 간접 경험을 함으로써 환경 감수성을 길렀습니다. 그리고 온라인에서 활동한 결과물을 오프라인에 접목하여 등굣길 환경 캠페인을 통해 우리들의 목소리를 게더타운이라는 한정된 공간을 넘어 더 넓게 퍼트리고자 하였습니다.

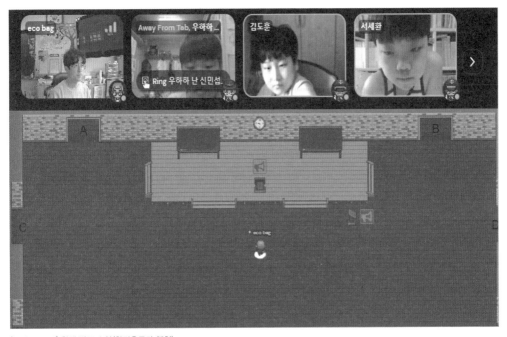

[그림 3-1-9] 학생 발표 수업(환경운동가 체험)

2. 환경공감토론 〈지구愛 관心 갖기〉

학생들이 환경에 관해 관심을 가지고 개발과 보전에 대한 올바른 인식을 함양하는 것을 목표로 수업을 계획하였습니다.

찬반 토론의 일반적인 단계를 기준으로, 세 개의 환경토론 프로젝트를 구상하였습니다. 첫번째 프로젝트는 '개발이냐? 보존이냐?', 두 번째 프로젝트는 '동물원이 필요한가?', 세 번째 프로젝트는 '플라스틱이 필요한가?' 입니다.

본 장에서는 이 중 첫 번째 프로젝트인 '개발이냐? 보존이냐?'에 관해 자세하게 소개하겠습니다. 이 프로젝트는 총 네 개의 퀘스트로 구성하였습니다.

개발 및 보존 사례 알아보기 → 개발이 없다면? 보존이 없다면? → 4단 논법으로 생각 펼치기 → 전체 토론하기

첫 번째 퀘스트는 학생들이 주변의 개발 및 보존 사례를 찾아보며 환경이 우리의 삶과 밀접함을 깨닫는 것과 환경 개발과 보존에 대한 배경지식을 넓히는 것을 목표로 합니다. 본 퀘스트를 통해 관심 밖이던 환경 개발과 보존의 문제를 학생 스스로가 자신의 문제로 인식하게 됩니다.

두 번째 퀘스트는 '개발이 없다면' 또는 '보존이 없다면'이라는 가상의 상황을 예측해보는 수업으로 구상하였습니다. 학생들은 두 개의 상황 중 한 가지 상황만 고려하거나 두 상황을 모두 고려해보면서 개발과 보존이 왜 필요한지를 알게 됩니다. 또한 극단적인 상황을 상상함으로써 개발과 보존으로 야기되는 문제점을 발견할 수 있습니다. 이 퀘스트를 통해 학생들은 앞에서 조사한 자료를 그대로 토론으로 가져오는 것이 아니라 자신의 논리에 맞추어 자료를 재가공하게 됩니다. 학생들이 발산적 사고를 돕기 위해 브레인스토밍 기법을 역으로 활용하고자 합니다(역 브레인스토밍). 이때 마인드맵 에듀테크를 활용하여 팀별 또는 전체 협업이 가능합니다.

세 번째 퀘스트에서는 찬성팀과 반대팀을 정하고, 토론을 위한 주장을 글로 준비하는 활동을 합니다. 토론을 시작하기 전, 글로 미리 정리하는 과정 없이 자신의 주장을 설득력 있게 말하는 것은 무척 어렵습니다. 따라서 4단 논법의 형식에 맞추어 자신의 주장을 글로 써보는 활동은 논리적인 주장을 펼치기 위해 꼭 필요합니다. 이때 패들렛을 활용하여 다른 친구들의 글이 예시자료가 되게 하고 다른 친구들의 글을 읽으며 자신의 주장을 보다 짜임새 있게 작성하게 됩니다.

마지막 퀘스트는 토론하는 단계입니다. 전 퀘스트에서 작성한 입안문에 반박하거나 질문을 남깁니다. 상대 팀에서 남긴 댓글을 보며 자신의 의견을 보충하거나 수정할 시간을 갖습니다. 토론 준비를 마치면 마이크와 캠을 사용해 서로의 얼굴을 보며 토론합니다.

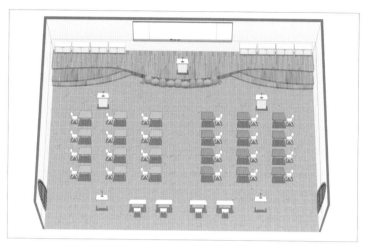

[그림 3-2-1] 토론교실 디자인

평면이지만 실제 공간과 같은 입체적인 효과를 내기 위해 Impassable 타일을 설치합니다. 아래 토론교실의 붉은 테두리가 보이실 겁니다. 그리고 찬성 측 책상, 반대 측 책상, 판정단 책상, 단상, 무대 아래쪽도 이동이 불가한 영역으로 지정하여 3차원 공간에 있는 듯한 효과를 내었습니다.

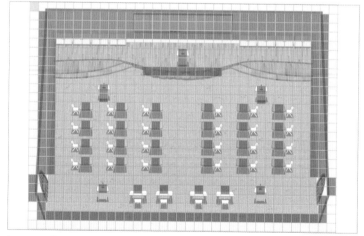

[그림 3-2-2] 토론교실 Impassable Tile

찬성 측은 찬성 측끼리, 반대 측은 반대 측끼리 서로의 의견을 공유할 수 있도록 Private Area 구역을 설정하였습니다. A는 찬성 측, D는 반대 측 구역을 의미하며, J는 판정단끼리 소통하는 구역입니다. 즉, 같은 공간에 들어온 캐릭터들끼리만 서로 대화할 수 있습니다.

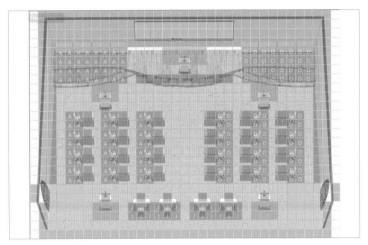

[그림 3-2-3] 토론교실 Tile Effect

단상 이미지 부근에는 Spotlight 타일 효과를 주어 이 위치에 있는 아바타의 사용자가 모두에게 말할 수 있도록 하였습니다. Quest 4단계에서 사회자가 토론을 진행하고 양측의 발언자가 자신의 주장을 말할 때 사용하게 됩니다.

교실 문으로 들어온 듯한 느낌이 들도록 Spawn 구역은 하단 좌우 교실 문 이미지 부근으로 지정하였습니다. 교실 문 이미지 바로 위에는 포털 타일을 두어 아바타들이 다른 Room이나 공간으로 이동할 계획입니다.

Quest 01. 개발 및 보존 사례 알아보기

토론을 진행하기 위해서는 학생들이 주제와 관련된 정보를 최대한 많이 수집하고 체계적으로 정리해야 합니다. 폭넓은 자료의 준비에서 의미 있는 토론이 시작됩니다. 학생들이 수집한 자료를 정리하고 서로의 자료를 공유할 공간이 필요합니다. Objects-Presentation-Bulletin Board를 클릭하고 Embedded website에 패들렛 주소를 연결해두었습니다.

[그림 3-2-4] 오브젝트에 사이트 주소 연결 방법

미리캔버스(https://www.miricanvas.com/)에서 토론주제와 어울릴만한 디자인을 찾아이를 활용하여 패들렛 배경 이미지를 제작하였습니다. 참고로 '친환경 프레젠테이션'으로 검색하면 같은 템플릿을 찾을 수 있습니다.

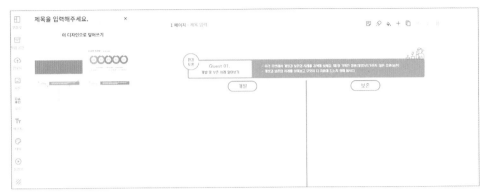

[그림 3-2-5] 패들렛 배경 만들기

학생들이 보드에 가까이 다가가면 테두리가 노랗게 바뀝니다. 이때, 키보드의 'X' 버튼을 누르면 연결해 둔 패들렛이 나타납니다. 오른쪽 아래의 분홍색 더하기 버튼을 클릭하여 자료를 등록하고 게시할 수 있습니다. 패들렛은 자료의 주소를 바로 연결할 수 있고 유튜브 검색 기능이 있어 학생들이 자료를 수집하는 데에 매우 편리합니다.

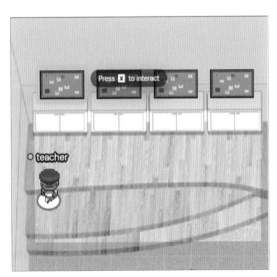

[그림 3-2-6] 패들렛 연결 보드

학생들이 자료 검색에 익숙하지 않은 경우, 교사가 검색어를 미리 준비해두는 것이 좋습니다. '개발 사례', '환경 개발'. '환경 보존', '수도권 매립지', '우포늪' 등의 검색어로 학생들이 직접 수집한 자료입니다. 환경 개발과 보존에 대한 배경지식이 부족하여 찬성팀과 반대팀으로 나누지 않고 두 사례 모두 조사해보도록 하였습니다. 그리고 학생 스스로 개발 사례인지, 보존 사례인지 구별하여 정리해보도록 하였습니다. 패들렛은 실시간 협업이 가능하므로 검색을 마친 학생은 다른 학생들의 자료를 보며 토론주제에 대한 배경지식을 확장할 수 있습니다.

[그림 3-2-7] 패들렛에 개발 및 보존 사례 수집 및 정리하기

Quest 02. 개발이 없다면? 보존이 없다면?

 토론 수업에서 단순히 자신의 주장을 나열하거나 수집한 자료를 그대로 읽지 않게 하려고 구상한 단계입니다. 본 단계에서는 전 단계에서 수집한 자료를 바탕으로 주장의 근거를 마련하기 위해 마인드맵 에듀테크를 활용합니다. 무료로 제공하는 마인드맵 사이트가 많지만, 게더타운과 연동되는 사이트는 매우 제한적입니다. 우선 OKmindmap처럼 웹주소가 'http'로 시작하는 경우는 연결이 되지 않습니다.

[그림 3-2-8] 'http' 주소를 연결한 경우

 세계적으로 유명한 MindMeister의 경우에는 게더타운과의 연결을 허용하지 않습니다. 그래서 미로보드(https://miro.com)의 마인드맵 기능을 이용해 브레인스토밍 활동을 진행하였습니다. 미로보드는 실시간으로 팀원들과 협업하여 스토리맵 등을 작성할 수 있는 곳으로, 게더타운에 연결할 수 있습니다. 연결할 때 주의할 점이 있습니다. 주소창의 주소를 그대로 복사해 붙여넣으면 안 되며 Embed board 코드에서 'https … moveToViewport=' 부분만 복사해서 넣어야 합니다.

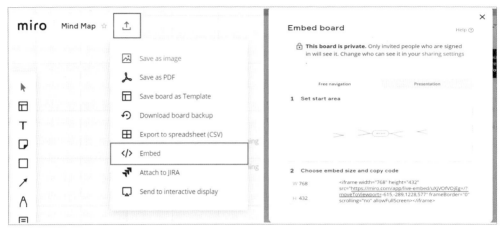

[그림 3-2-9] 미로보드에서 게더타운 삽입 가능 주소 찾는 방법

개발을 찬성하는 팀은 '개발이 없다면', 반대팀은 '보존이 없다면'을 주제로 하여 마인드맵을 작성하였습니다. 팀원이 협력하여 작성하는 방법 외에 개별로 마인드맵을 작성하는 방법이 있습니다. 개별 활동이거나 마인드맵 사이트의 도구 사용에 어려움을 느낀다면 A4용지에 직접 적어 의견을 공유할 수도 있습니다. 학습자의 수준 및 상황을 고려하여 온라인과 오프라인 교육을 적절히 혼합하면 학습 효과가 극대화할 수 있습니다.

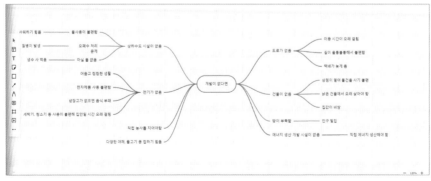

[그림 3-2-10] 팀별 마인드맵 작성하기

미로보드를 활용하여 '개발이 없다면'을 주제로 하여 협업한 마인드맵 결과물입니다. 아래는 개인별 마인드맵 결과물을 게더타운 게시판에 공유한 사진입니다.

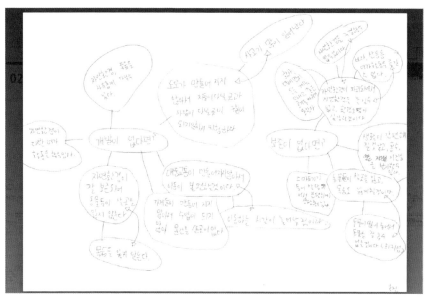

[그림 3-2-11] 개인별 마인드맵 작성하기

Quest 03. 4단 논법으로 생각 펼치기

4단 논법의 형식에 맞추어 주장하는 글을 준비하는 단계입니다. 학생들은 전 단계에서 가장 적절한 근거 두 가지를 선택해 생각을 정리하고 4단 논법의 형식(주장 – 근거 ① - 설명 ① - 근거 ② - 설명 ② - 정리)에 맞추어 글을 씁니다. 글쓰기를 어려워하는 학생에게는 먼저 쓴 학생의 글을 예시자료로 참고하여 글을 쓰도록 도와줍니다. 퀘스트 1과 2의 자료가 토론 수업을 게더타운에서 진행하면 좋습니다.

[그림 3-2-12] 찬반 입안문 쓰기

Quest 04. 전체 토론하기

네 번째 퀘스트는 상대 팀의 입안문을 읽고 궁금한 것을 질문하는 것부터 시작합니다. 토론을 진행하며 학생들은 자신의 글을 수정하게 됩니다. 학생들이 수정 전과 후의 글의 비교할 수 있도록 전 퀘스트에서 작성한 패들렛의 원본을 그대로 두고 복제본을 제작해 사용합니다. 패들렛을 복제하는 방법은 다음과 같습니다. 우선 패들렛 오른쪽 위의 '더 보기'와 '복제'를 차례대로 클릭합니다. 노란색으로

[그림 3-2-13] 패들렛 복제 방법

표시된 '디자인 복사' 바로 밑에 있는 '게시물 복사'를 선택합니다. 게시물 복사를 선택해야만 학생들의 게시물이 모두 복사됩니다.

복제한 패들렛에 학생들이 댓글 기능을 활용해 질문하거나 반박합니다. 댓글 쓰기가 안 되는 경우, 패들렛 오른쪽 위의 '더 보기', '수정', '댓글'을 순서대로 눌러 댓글 쓰기를 활성화합니다.

[그림 3-2-14] 질문 및 반박하기

학생들은 상대 팀이 남긴 질문과 반박 글을 확인합니다. 토론을 시작하기 전, 팀별 작전 시간을 갖고 입안문을 보충하거나 수정합니다. 준비를 마치면 사회자(교사)의 진행에 맞추어 토론을 시작합니다. '주장 펼치기→반론하기→주장하기→판정하기'의 절차로 토론이 이루어집니다. 교실이 아닌 가상의 공간에서 토론이 진행되므로 학부모 및 지역 환경 단체를 배심원단으로 초대할 수 있습니다.

Teacher Tips

(1) 게터타운에 원하는 템플릿이 없다면?

직접 그려 보세요. 포토샵과 일러스트 프로그램을 다룰 줄 안다면 이미지 파일을 PNG 형식으로 제작하여 배경으로 사용할 수 있습니다. 포토샵이나 일러스트가 생소한 프로그램이라면 A4용지에 정성스럽게 그림을 그려 주세요. 참고로 A4용지보다 조금 더 넓은 모니터 화면 크기의 종이를 이용하는 것이 좋습니다. 종이와 채색 도구를 준비하고 내가 원하는 장소의 모습을 위에서 비스듬하게 내려다본 느낌으로 그려 주세요. 예쁘게 색칠하는 것도 잊지 마세요.

다음 과정은 블로그, 인스타와 같은 SNS에 사진을 올리는 방법과 같습니다. 스케치하고 색칠한 그림을 촬영해주세요. 이때 빛이 반사되지 않도록 주의해주세요. 디지털화한 이미지의 색을 보정하고 크기를 조정합니다. 마지막으로 사진 확장자를 JPG에서 PNG로 전환하여 저장한 후 배경으로 올려줍니다. Edit in mapmaker-more object-Upload new를 클릭하여 올릴 수 있습니다.

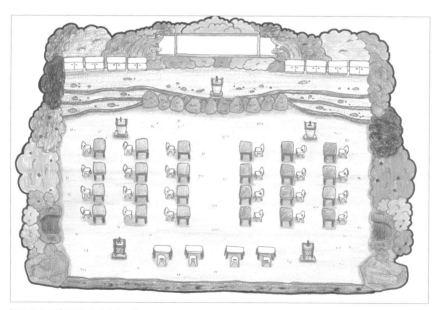

[그림 3-2-15] 배경으로 사용할 그림

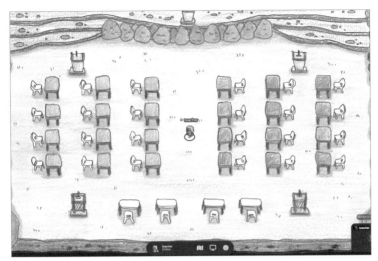

[그림 3-2-16] 그림을 업로드한 게더타운

(2) 수업이 시작되었다면 교실 문을 닫아주세요.

게더타운은 포도알처럼 여러 개의 공간이 연결되어 있습니다. 학생들이 다른 공간으로 자유롭게 이동할 수 있다는 장점이 있습니다. 그러나 이 장점은 수업 중 학생들의 이동을 통제하는 것이 어렵다는 단점이 되기도 합니다. 이 문제를 해결할 좋은 아이디어가 있습니다. 모든 학생이 교사가 원하는 수업 공간으로 이동했다면 해당 공간의 문을 닫아주세요. 텔레포트(포털) 타일을 지우거나 임패서블 타일을 깔아서 포털에 접근하지 못하도록 합니다.

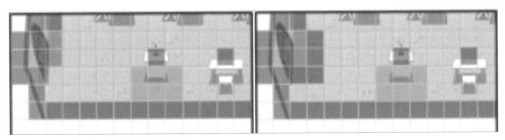

[그림 3-2-17] 임패서블 타일로 포털 타일 접근 막기

(3) 수업 중 게더타운 배경을 바꿔 보세요.

학생들의 학습 흥미와 동기를 유발할 수 있는 좋은 방법이 게더타운에 있습니다. 현실에서는 불가능하지만, 게더타운에서는 가능합니다. 바로 순간이동을 하는 것입니다. 게더타운 배경을 바꾸기만 하면 학생들과 함께 순간이동을 할 수 있습니다. 예를 들어, 태양계와 행성을 배우는 과학 시간에 교실이었던 공간을 우주로 바꾸는 거죠.

픽사베이(https://pixabay.com)와 같이 저작권 걱정 없는 무료 이미지 제공 사이트를 활용해주세요. 픽사베이에서 필요한 자료를 찾을 수 없는 경우, 검색어를 영어로 입력해보세요. 훨씬 많은 자료를 찾을 수 있습니다.

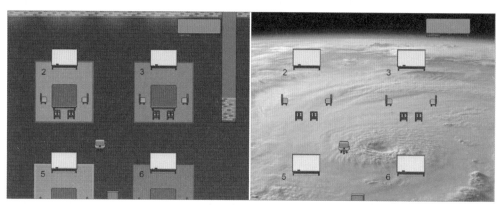

[그림 3-2-18] 배경 바꾸기 전후, 교실 모습

(4) 패들렛, 구글 드라이브 등 협업 도구를 미리 연결해두세요.

게더타운은 기존에 개발된 서비스와의 호환성이 좋아 패들렛, 프레지, 구글 드라이브 등의 주소를 직접 연결하여 사용할 수 있습니다. PC 사용이 능숙하지 않은 학생의 경우, 브라우저 주소를 공유하고 입력하는 데에도 오랜 시간이 소요됩니다. 미리 게더타운 오브젝트에 협업 주소를 입력해두면 수업 시간을 낭비하지 않을 수 있습니다.

3.   환경단체 만들기

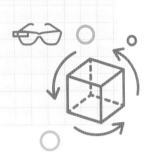

현재 코로나19 상황에서 아이들은 어쩔 수 없이 원격 수업을 통해 수업을 듣고 있습니다. 원격 수업을 통해 수업을 듣기 때문에 대면해서 직접 해야 하는 활동들을 하지 못해서 교사와 학생들 모두 수업 활동의 어려움을 겪고 있습니다.

하지만 온라인 수업을 진행하면 오히려 대면 수업보다 훨씬 유용한 수업들이 있습니다. 어떤 단체를 만들어 여러 사람에게 정보를 알리는 활동은 온라인 수업을 활용했을 때 더 효과가 큽니다.

요즘 환경문제가 현세대뿐만 아니라 미래 세대에까지 영향을 미친다는 점에서 가장 심각한 문제로 떠오르고 있습니다. 메타버스를 활용하여 환경문제를 해결하기 위한 나만의 단체를 만드는 수업을 구성한다면 교실에서 하는 수업보다 훨씬 더 좋은 수업이 될 수 있습니다. 이번 수업에서는 학생들이 메타버스에서 환경단체를 만들고 그에 필요한 자료들을 제시하고 다른 사람들이 들어와 볼 수 있도록 하여 환경단체 활동을 하는 것입니다. 이러한 수업을 통해 학생들이 온라인에서 더욱더 유의미한 활동을 할 수 있고, 단발적인 수업에서 그치는 것이 아니라 지속적인 활동을 이어나갈 수 있습니다.

이 수업을 통해 학생들은 스스로 단체를 만들고, 운영하면서 환경에 관한 관심을 가지며, 자기 주도 학습 능력, 문제해결 능력을 기를 수 있을 것으로 기대됩니다.

학생들이 환경단체를 만들기 프로젝트를 수행을 위한 수업 진행을 다음과 같이 구성하였습니다.

첫 번째 퀘스트 '환경문제 알아보기'에서는 다양한 환경오염에 관한 문제를 제기하여 학생들이 환경오염에 대한 경각심을 갖고 이를 해결해야겠다고 생각하도록 하였습니다. 게시판에 영상을 통해 느낀 점을 적어보며 서로의 생각을 공유할 수 있습니다. 이어 두 번째 퀘스트 '환경을 위한 다양한 환경단체 알아보기'에서는 영상을 통해 학생들이 이를 지키기 위한 다양한 단체에 대해 알아봅니다. 이어 퀘스트를 통해 메타버스를 활용하여 환경단체를 만들 수 있도록 합니다. 미션을 통해 환경단체를 만들고 내가 지키고 싶은 환경과 그 단체의 이름과 목적을 정하도록 합니다. 이 활동을 자신의 메타버스 공간에 구성해 봅니다.

세 번째 '환경단체 구호 정하고 꾸미기'에서는 자신의 환경단체의 기호를 만들고 각자의 방에 꾸며보도록 합니다. 이를 통해 환경단체의 캠페인 활동을 경험하도록 합니다. 그리고 네 번째 '환경단체 만들어 활동하기' 단계에서는 지금까지 진행한 활동을 통해 환경단체가 구성되었습니다. 이 환경단체를 친구들과 공유하고 또한 본인의 단체 활동에 필요한 자료들을 추가하고, 자유롭게 활동할 수 있도록 합니다. 메타버스 가상환경 공간 구성은 다음과 같이 이루어졌습니다.

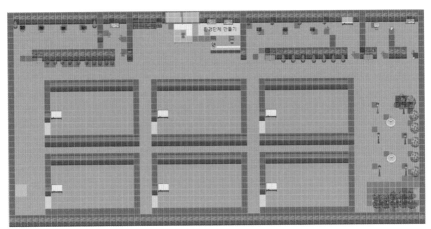

[그림 3-3-1] 환경단체 만들기 교실 디자인

　메타버스의 교실은 미션이 주어지는 공간과 학생들 각자의 공간이 존재합니다. 미션 방에는 단계별로 공간이 나누어져 존재합니다. 그리고 학생들이 이를 직접 보고 해결할 수 있도록 다양한 자료와 동영상, 패들렛으로 구성되어 있습니다. 학생들은 미션 방에서 학습 안내 및 퀘스트에 해당하는 미션들을 보고 각자 방에 들어가서 해당 미션을 수행하며 자신의 방에 가서 미션을 수행합니다. 이러한 과정을 단계적으로 진행한다면 자신의 방은 어느덧 환경단체로 구성되어 있을 것입니다. 모든 학생이 여러 가지 종류의 환경단체를 만들어 구성한다면 이것은 학생들이 만들어낸 훌륭한 환경단체의 집단이고, 메타버스 안에서 다양한 활동을 하게 될 것입니다.

Quest 01. 환경문제 알아보기

(1) 환경문제 느낀 점 공유하기

첫 번째 미션은 영상을 시청하고 다른 사람들과 의견을 공유하는 활동입니다. 왼쪽 공간에서는 학생들이 처음 접하는 미션이 주어지는 공간입니다. 이곳에서는 학생들이 환경문제 오브젝트를 눌러보면 환경문제에 대한 영상을 볼 수 있습니다. 학생들을 영상을 통해 환경문제에 대한 다양한 영상을 시청하고 이를 통해 환경 위험에 대한 경각심을 가지게 될 것입니다. 이를 통해 학생이 환경을 지켜야겠다는 생각을 가지도록 합니다.

그리고 옆에는 패들렛과 연결된 오브젝트로 구성을 하였습니다. 여기에 환경에 대한 자신의 느낀 점이나 더 생각해보고 싶은 환경문제에 대해 적어보고, 다른 친구들과 함께 의견을 공유하도록 합니다.

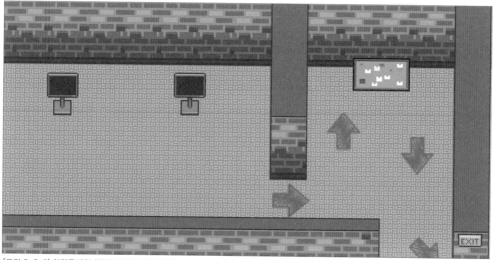

[그림 3-3-2] 환경문제와 관련된 동영상 및 패들렛 오브젝트

(2) 다양한 환경문제

① 멸종 위기 동물: 환경문제로 멸종 위기에 처한 동물들은 아주 많이 있습니다. 벵갈 호랑이는 현재 지구 온난화로 인한 서식지가 물에 잠길 위험에 처해있습니다. 유엔에서는 2070년도에는 서식지가 모두 물에 잠겨 멸종할 것으로 경고하고 있습니다. 또한, 아프리카 치타는 폭염으로 인해 치타의 남성 호르몬이 낮아져 더는 새끼를 낳지 못하고 있습니다.

② 대기 오염: 대기 오염으로 인해 사람들의 피해가 늘어나고 있습니다. 프랑스 파리에서 스모그로 사망하는 사람이 연간 350명에 이른다고 합니다. 대기 오염으로 인해 암 질병이 늘어나고 각종 호르몬의 변화로 인해 사람들에게 큰 피해를 주고 있습니다.

③ 수질 오염: 산업 폐기물, 오·폐수, 농약으로 인한 수질 오염이 심각해지고 있습니다. 비가 오면 지표 위에 있던 오염불질이 모두 강이나 바나로 떠내려가서 수실 오염이 심각해집니다. 이로 인해 강에 사는 생명체들이 살아갈 수 없는 환경이 구성됩니다. 이는 돌고 돌아 생선을 잡아먹는 사람에게까지 돌아오게 됩니다.

④ 플라스틱 쓰레기 문제: 한 해에 사용되는 페트병의 개수는 약 5,000억 개 정도입니다. 이러한 플라스틱이 바닷가에 흘러가거나 주변에 버려지면 600년 동안 분해가 되지 않습니다. 이것들은 제대로 처리가 되지 않고 바닷가로 흘러 들어가 1년에만 1,000톤 가까이 흘러 들어갑니다. 그래서 전 세계에 서식하는 어류 대부분에서 미세 플라스틱이 발견되었습니다.

(3) 관련 동영상

① 위기에 처해있는 동물 : https://youtu.be/MqUCO-UZCCo

② 쓰레기 문제 : https://www.youtube.com/watch?v=fvrzJXQDf0U

③ 지식채널 수질 오염 : https://www.youtube.com/watch?v=Uxw0P5y5y90

④ 플라스틱으로 인한 오염 : https://www.youtube.com/watch?v=fE3WBVvZFTE

Quest 02. 환경을 위한 다양한 환경단체 알아보기

(1) 환경단체 알아보기

이곳은 다양한 환경단체에 대해 알아보는 방입니다. 처음으로 학생들이 메타버스 오브젝트를 이용하여 활동을 시작하는 단계입니다. 두 번째 미션이 주어지는 방에서는 각 오브젝트에 환경단체 활동 관련 영상들과 연결되어 있습니다. 학생들이 오브젝트와 상호작용하여 다양한 단체들에 대한 영상을 시청합니다. 영상을 통해 학생들은 다양한 단체들이 하는 일에 대해 알 수 있습니다. 이러한 단체들과 관련된 영상을 보고 미션1에서 했던 활동들을 통해 자신이 지키고 싶은 환경을 생각해보도록 합니다.

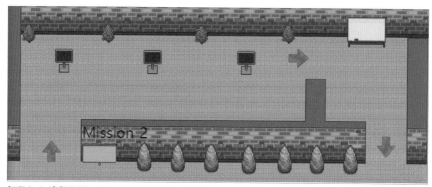

[그림 3-3-3] 환경단체 동영상 오브젝트가 포함된 두 번째 방

자신이 지키고 싶은 환경을 정해서 환경 단체를 만들어 봅시다.

1 내가 어떤 환경을 지키고 싶은지 생각해 봅시다.

2 환경단체 이름을 정해서 각자 방에 가서 캔버스에 단체 이름을 적어보도록 합시다.

[그림 3-3-4] 캔버스 오브젝트에 포함된 환경단체 만들기 미션

오른쪽의 오브젝트에서는 학생들에게 환경단체 만들기 미션을 제시합니다. 자신의 환경단체의 이름과 목적을 계획하고 자신 모둠의 방에서 꾸미도록 합니다.

수업 tip

학생들의 메타버스 활용 수준이 높은 경우 자신의 방에서 오브젝트 및 게시판을 활용하여 환경단체의 이름을 표현할 수 있습니다. 본 수업에서는 3학년 학생들 대상 수업으로 그에 맞는 오브젝트에 연결된 캔버스에 표현하는 방법을 활용하였습니다.

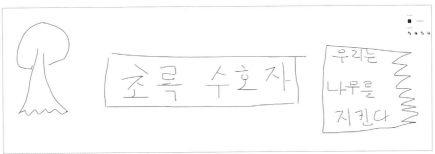

[그림 3-3-5] 캔버스 오브젝트에 학생들이 만든 환경단체

(2) 다양한 환경단체

① 환경운동연합: 30년간 생명을 지켜온 아시아 최대 규모의 환경단체

기호	추구하는 가치
	생명·평화·생태·참여

② 녹색연합: 1991년 창립하여 우리나라 자연을 지키는 환경단체

기호	추구하는 가치
	생명 존중, 생태순환 사회, 비폭력평화, 녹색 자치

③ 그린피스: 1971년 태어난 독립적인 국제환경단체로 지구 환경보호와 평화를 위해 비폭력 직접행동의 평화적인 방식으로 캠페인을 진행하는 단체

기호	추구하는 가치
	생명 존중, 생태순환 사회, 비폭력평화, 녹색 자치

(3) 관련 동영상

① 돌고래 수입 중단 활동 : https://youtu.be/TpsJXkXb1ic

② 고래사냥 중지 시세퍼드: https://youtu.be/BIOrsF88pHQ

③ 그린피스 : https://youtu.be/RMAFNEdY_RE

Quest 03. 환경단체 구호 정하고 꾸미기

(1) 오브젝트 활용하여 환경단체 꾸미기

이번 퀘스트에서는 환경단체의 구호를 정하고 자신의 환경단체 공간을 꾸미는 미션을 진행합니다. 세 번째 방에는 각자 방에 환경단체 구호 text 오브젝트를 입력하는 미션이 구성되어 있습니다. 학생들은 이 오브젝트와 상호작용하여 학생들은 미션을 확인하고 각자 공간에 text로 오브젝트를 입력하여 캠페인 활동을 할 수 있도록 합니다.

두 번째로 오브젝트에는 자신의 환경단체를 꾸밀 수 있도록 합니다. 이는 나만의 공간을 꾸밈으로써 학생들이 환경단체에 애착을 두고 단체 활동을 하게 하는 원동력이 됩니다.

수업 tip

학생들의 메타버스 수준에 따라 오브젝트에 영상 넣기, URL 활용하기 등 다양하게 환경단체를 꾸미는 활동이 가능합니다.

[그림 3-3-6] 환경단체 구호로 환경단체 캠페인 활동 시작

Quest 04. 환경단체 활동하기

(1) 환경단체 활동하며 친구들과 의견 공유하기

이번 퀘스트에서는 학생들이 직접 만든 단체를 다른 친구들에게 보여주는 시간입니다. 또한, 자신도 다른 환경단체에 가서 어떤 활동을 하고 있는지 지금까지의 활동을 공유하는 시간입니다.

이번 활동은 단순히 단체 활동을 공유하고 나누는 데서 그치는 게 아니라 자신의 공간을 지속해서 개선해 나갈 수 있습니다. 친구들의 공간을 보고 나서 잘한 점을 살펴보고, 자신의 공간에도 추가하며, 서로 상호 보완해 나갈 수 있습니다.

마지막으로 지금까지 활동하면서 즐거웠던 점, 더 하고 싶은 것들을 게시판에 공유함으로써 수업을 마치게 됩니다.

[그림 3-3-7] 완성된 환경단체

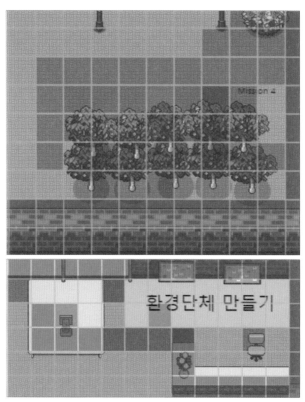

[그림 3-3-8, 9] 숨겨져 있는 미션

이번 활동에서는 메타버스의 장점을 활용하여 학생들의 흥미도 끌 수 있도록 미션을 곳곳에 숨겨두었습니다. 미션3 마지막에 미션4를 찾도록 안내하였고, 미로 형식으로 찾아갈 수 있도록 하였습니다. 그리고 마지막으로 '환경단체 게시판'에 느낀 점을 쓸 때도 쉽게 들어가지 못하도록 하였습니다. 이를 통해 학생들이 메타버스 안에서만 느낄 수 있는 재미를 주었습니다.

수업 tip

학생들 수준에 따라 미로의 난도를 높게 구성할 수도 있습니다.

(2) 학생들이 할 수 있는 환경단체 활동

① 영상 만들어 홍보하기: 자신이 만든 영상들을 오브젝트에 담아 활용하기

② 캠페인 만들기: 오브젝트로 캠페인 문구로 방을 꾸미거나 이미지 삽입을 통해 홍보하기

③ 환경보호 편지쓰기: 오브젝트를 노트나 패들렛과 연결하여 활용하기

4. Online 교실에서 만드는 환경 박람회

세계 여러 나라의 지역에서 매년 원인을 알 수 없는 기상이변과 이전에 볼 수 없었던 커다란 자연재해가 발생하고 있고, 동식물들은 이미 상당수가 멸종하여 자취를 감춰 버렸습니다. 기후 위기에 관하여 학생 스스로 조사하고 조사한 정보를 사람들에게 알리고 의견을 공유한다면, 기후 위기의 심각성에 대해서 널리 알릴 수 있지 않을까요? 온라인 교실에서 환경 박람회를 열어 다양한 사진과 자료를 방문자들에게 제공하고 많은 의견을 공유할 수 있도록 우리 모두 다 같이 큐레이터가 되어 환경 박람회를 제작하여 운영해 봅시다!

수업의 흐름

기후 위기 살펴보기(콘텐츠 연계) → 기후 위기의 심각성 토론하기 → 박람회 자료 조사 → 우리는 환경 큐레이터!!

Quest 01. 기후 위기 살펴보기

기후 위기에 대한 개념과 기후 위기로 인한 심각한 현재 상황을 콘텐츠 영상으로 온라인 교실에서 제시합니다. 기후 위기로 인한 심각성을 여러 가지 주제로 분류하여 콘텐츠를 제시하고 학생들은 자신이 더 관심이 있고 조사하고 싶은 분야를 선택하여 시청할 수 있습니다.

(1) 오브젝트 배치하기

① 오브젝트의 위치를 잘 나누어 비슷한 주제의 내용끼리 배치합니다. 콘텐츠와 그 콘텐츠의 주제 및 말하고자 하는 바를 정리하여 텍스트로 볼 수 있도록 구성하면 학생들은 내용 파악과 이해를 조금 더 심층적으로 할 수 있습니다.

학생들은 이번 프로젝트를 통해 기후 위기를 조사해보고 평소 내가 기후 위기에 대해 얼마나 생각하고 있었는지, 나는 기후 위기에 대하여 얼마나 잘 준비하고 있는지 등에 대해 생각할 수 있습니다.

② 공간에서는 내가 더 알아보고 싶은 분야를 심층적으로 조사하고 이해할 수 있도록 기후 위기로 인한 다양한 피해 사례를 자연재해, 동식물 멸종, 해수면 상승으로 나누어서 제시하였습니다.

동영상을 시청한 후에 새로 알게 된 점, 더 알고 싶은 내용 등을 온라인 공유 노트 혹은 패들렛에 자유롭게 적을 수 있도록 오브젝트 공간을 배치하였습니다.

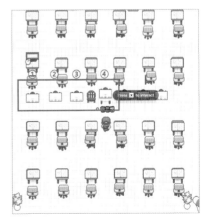

[그림 3-4-1] 여러 가지 콘텐츠 제공 및 선택적 시청

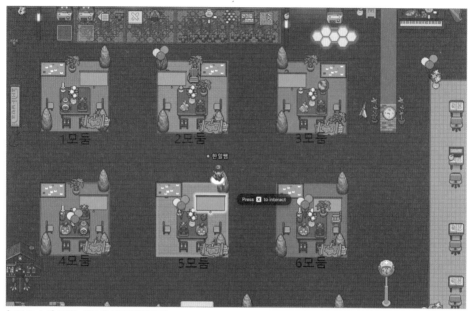

[그림 3-4-2] 콘텐츠 제공 및 모둠토의실 구성

(2) 기후 위기의 심각성 토론하기

기후 위기의 개념에 대해 살펴보았으면 기후 위기의 심각성과 해결방안에 대하여 의견을 공유하며 토론을 해보고자 하였습니다. 학생들은 온라인상 원활한 토론학습을 위하여 모둠 공간에 위치하여 모둠 토론을 진행합니다. 토론 중 나왔던 의견을 정리하기 위하여 패들렛 공유 노트를 배치하여 토론 과정에서 즉석에서 의견을 기록할 수 있도록 장치를 구성해 두었습니다. 학생들은 기후 위기의 심각성을 토론하고, 이를 알릴 수 있도록 모둠별로 어떤 사진 자료와 동영상 자료를 준비할지 이야기합니다.

학생들이 주로 정했던 내용은 자연 파괴로 인한 동·식물의 멸종과 해수면 상승으로 인한 침

몰 가능성 그리고 자연재해에 관련된 내용이었습니다. 크게 세 가지로 분류가 되었지만, 세 가지의 발생 원인은 결국 같은 맥락임을 인식시키기 위하여 게더타운 내 화이트보드 기능을 이용하여 협업으로 마인드맵을 작성하여 시각적으로 도식화하였습니다. 작성한 마인드맵을 바탕으로 널리 알리고 싶은 기후 위기 상황을 주제로 토론하였고, 어떤 매체를 이용하여 어떻게 발표할지 모둠별로 구상하는 시간을 가졌습니다.

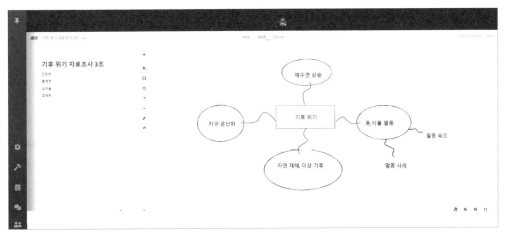

[그림 3-4-3] 키워드 선정을 위한 학생 참여 수업(마인드맵)

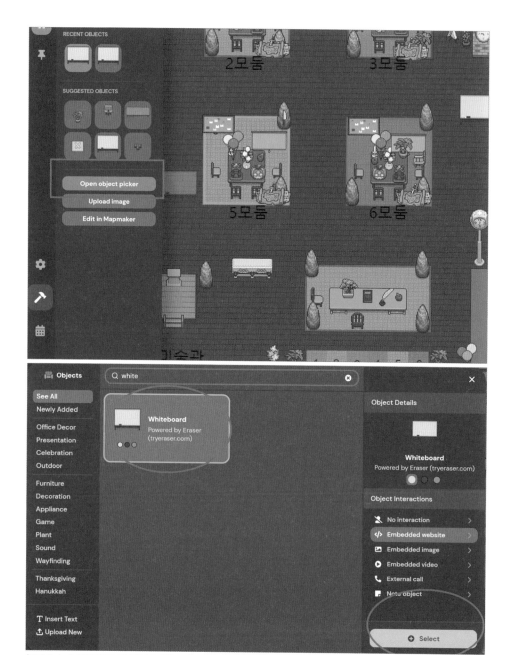

[그림 3-4-4] 화이트보드 오브젝트 후 적용 모습

화이트보드 오브젝트 생성 방법은 다음과 같습니다.

1. 좌측의 Build 클릭
2. open object picker 클릭
3. whiteboard를 찾으시거나 검색하여 선택
4. select 버튼을 클릭 후 위치에 마우스 좌측 클릭

(3) 박람회 자료 조사

이전 차시에서 기후 위기에 대한 개념과 피해 사례에 대해서 살펴보았고 어떤 분야의 기후 위기 사례에 관해서 설명할지에 대해 정하였습니다. 이번 시간에 학생들은 모둠에서 정한 기후 위기의 발표 분야에 대해서 주제를 구체화하고 그에 맞는 발표 방법과 자료를 탐색해 보는 활동을 하였습니다.

세계의 다양한 사례를 직접 살펴보고자 오브젝트에 Google Earth를 링크하여 손쉽게 세계 여러 나라의 위치와 환경 등을 살펴보도록 하였습니다. 교과서의 세계 지도로만 보던 세계의 다양한 위치와 모습을 자신이 원하는 지역을 손쉽게 클릭하여 인공위성 영상으로 살펴보니 지리적 위치에 대한 이해는 물론, 그 나라의 환경과 기후까지 관심을 두는 학생도 생길 만큼 학생들이 몰입할 수 있었습니다.

[그림 3-4-5] 오브젝트에 연결한 Google Earth

또한 인터넷 자료가 워낙 방대하여 학생들이 환경 관련 뉴스 기사를 찾기에 어려움을 느끼는 사례가 많았습니다. 어린이 눈높이에 맞는 환경 뉴스를 학생들에게 제공하기 위하여 '케미스토리'라는 사이트를 학생들에게 오브젝트 링크로 소개를 해 주었습니다. 환경과 보건에 관련된 다양한 국내외 기사들을 학생들이 이해하기 쉽도록 정리하여 제공해주는 사이트였고, 다양하고 여러 가지 분야를 손쉽게 살펴볼 수 있었습니다(http://www.chemistory.go.kr/kor/index.do).

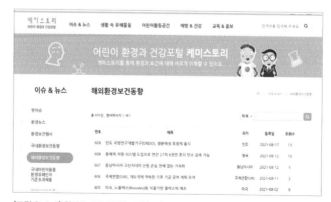

[그림 3-4-6] 환경 뉴스를 다루는 사이트 '케미 스토리'

다양한 곳에서 찾은 자료들을 학생들이 즉석에서 바로 PPT 작업을 할 수 있도록 구글 프레젠테이션 양식을 제작하여 모둠별로 제공하였습니다.

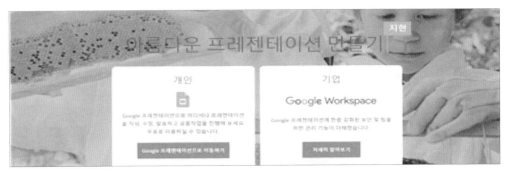

[그림 3-4-7] 구글 프레젠테이션 만들기

(https://www.google.com/intl/ko_kr/slides/about/)

위의 링크로 접속 혹은 구글 프레젠테이션으로 검색하여 접속한 후, 오른쪽 위의 공유 버튼을 누른 후에 링크를 다른 사용자에게 전달하면 동시에 PPT 작업을 협업으로 진행할 수 있는 장점이 있습니다.

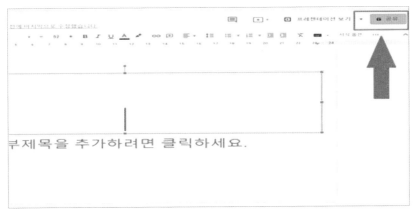

[그림 3-4-8] 구글 프레젠테이션 입장

여기서 주의할 점은 링크를 복사하기 전, 마지막 사진과 같이 뷰어가 아닌 편집자로 설정을 바꾼 후, 링크를 전달해야지만 링크를 받은 사용자도 공유받은 작업물을 함께 편집할 수 있습니다.

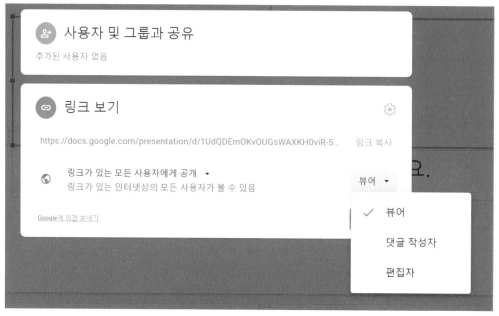

[그림 3-4-9] 구글 프레젠테이션 입장 모습

직접 대면하여 작업하기 힘든 상황이지만, 화상으로 서로의 얼굴을 보며 대화를 하니 PPT 제작 작업도 한결 수월하였고, 의견공유도 그만큼 쉽게 할 수 있어서 생각했던 것보다 작업속도가 빨라졌습니다. 또한, 교사의 도움 제공이나 피드백에서도 아주 쉽고 간편했습니다. 학생들이 교사에게 도움을 요청하면 교사는 학생들의 모둠 토의방으로 들어가서 학생들이 질의를 해결해주고 간혹 주제에 맞지 않는 내용을 정정하여 PPT에 즉석에서 수정하여 반영하도록 피드백을 주었습니다.

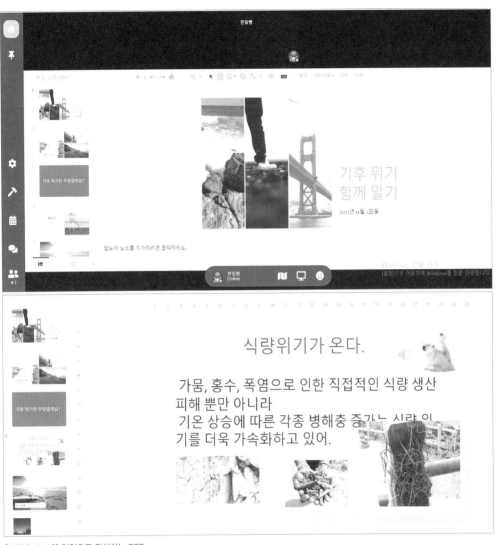

[그림 3-4-10] 협업으로 작성하는 PPT

(4) 우리는 환경 큐레이터!

학생들은 기후 위기의 개념과 심각성 그리고 예방 의지를 널리 공유할 수 있도록 이번 수업을 통해 배우면서 이해하였습니다.

이번 공간에서는 그동안 배운 내용에 대해 다시 한번 점검하고 우리 모둠이 집중하여 조사했던 내용을 다른 친구들에게 소개하는 시간을 가지면서 다양한 생각과 의견을 공유해보는 시간으로 구성하였습니다. 단순한 PPT 발표와 사진 제시가 아닌 모둠에 할당된 공간을 환경 박람회처럼 꾸미면서 직접 큐레이터가 되어서 우리 모둠의 공간에 견학을 온 다른 학생들에게 소개해 주면서 기후 위기와 환경오염 예방에 관한 의지를 다잡고자 하였습니다.

모둠 공간에 우리 모둠이 정한 주제를 대표하는 이미지를 업로드하여 사진전과 같이 구성하였고 관련 영상도 학생들이 직접 오브젝트에 링크하여 다른 학생들에게 제시하며, 사진과 영상을 모두 시청한 후에 학생 큐레이터에게 찾아가 학생들이 조사한 자료를 듣는 식으로 실제 박람회 또는 미술관에 가서 관련 정보를 큐레이터에게 설명을 듣는 식으로 구성하였더니 발표자들도 책임감을 느끼고 더욱더 알찬 자료를 재미있게 전달하고자 노력하였습니다.

해당 사진에 가까이 가면 해당 사진에 대해 전달하고자 하는 정보와 사진이 의미하는 바를 설명할 수 있습니다. 오브젝트를 설치하고 오브젝트와 상호작용하였을 때, 이미지와 프리뷰 이미지를 제공하는 방법입니다.

[그림 3-4-10] 의 첫 번째 그림은 오브젝트의 근처에 위치하였을 때, 제공되는 프리뷰 이미지이고 두 번째 그림은 X 키를 눌러 상호작용하였을 때 제공되는 정보를 이미지화해서 업로드해 두었습니다. 학생들이 자신들이 꾸민 박람회장을 직접 설명도 하지만 큐레이터가 없을 때 박람회장의 정보제공을 위해서 정보를 이미지화하여서 업로드하였습니다.

[그림 3-4-11] 학생들이 만든 환경 박람회 SPACE 모습

[그림 3-4-12] 오브젝트에 위치하였을 때 제시되는 이미지

다른 모둠이 열심히 준비한 자료와 발표를 시청한 후에 방명록 형태로 자신의 느낌과 새로 알게 된 점을 패들렛에 공유하고, 공유된 패들렛에 댓글을 달면서 쌍방향적인 소통이 원활히 이루어질 수 있도록 수업을 진행하였습니다.

교사에게 배운 정보와 지식뿐만 아니라 또래 친구들이 직접 조사한 정보와 지식을 습득하는 과정에서 선생님께 배우는 느낌과는 또 다른 느낌을 받을 수 있고, 친구의 눈높이에서 설명을 듣다 보니 느낄 수 있는 점이 더욱더 다양할 것입니다. 또한 발표와 박람회를 준비하는 과정에서 우리 모둠이 준비한 분야는 다른 누구보다 자세하고 정확하게 알고 있을 것이며, 이것이야말로 정말 유의미한 교육과 학습이 이루어졌다고 볼 수 있습니다. 학생들은 이번 '게더타운 환경 박람회 준비하기 프로젝트'를 통해서 인간들이 직면한 환경 문제와 원인, 해결방안, 내가 실천할 수 있는 것들을 구체적으로 깨달았습니다. 많은 학생이 교실에서 친구들이 발표한 내용을 듣는 것보다 훨씬 더 재미있었고, 기억에 더 많이 남는다고 하였습니다.

대면 수업이 이루어지기 힘든 상황에서 찾은 차선책인 비대면 수업, 게더타운으로 인해서 이제는 차선책이 아닌 비대면 수업만의 강점을 찾아가는 환경 프로젝트였다고 생각합니다.

5. 원격 현장 체험학습을 하다!

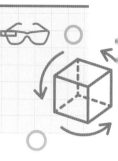

코로나19의 확산으로 인해 학교 현장에서는 큰 변화가 필요했습니다. 특히 오랜 시간 이어져 왔던 교사와 학생 간 얼굴을 보고 이루어지던 수업방식이 거리두기라는 새로운 국면으로 인해 '원격수업'이라는 새로운 형태의 수업방식으로 변화되었습니다.

이는 비단 수업 현장뿐만 아니라 교내 각종 행사에도 막대한 영향을 끼쳤습니다. 외부 강사 초빙 수업은 물론 활동과 체험 위주의 교내 행사 역시 전면 취소되었지요. 심지어 현장 체험학습도 예외는 아니었습니다. 이런 시국에 현장 체험학습을 하는 것은 거의 불가능에 가까웠습니다. 교통편 섭외부터 제한사항이 컸고, 체험장소인 공공기관이나 체험장 등 모두 거리두기 방침으로 인해 폐쇄되어 유의미한 체험을 할 공간조차 없었습니다.

일각에서는 무슨 이런 시국에 현장 체험학습이라며 곱지 않은 시선으로 보면서 당연히 불가능하다고 여기고 있지만, 막상 현장 체험학습 참여자인 학생들에게는 매우 아쉬운 상황이었습니다. 물론 실제 현장에 가서 눈으로 보고, 귀로 듣고, 손으로 만지며 느끼는 현장감은 떨어지지만, 이를 간접적으로라도 보완하고자 확장 가상 세계 플랫폼을 이용한 현장 체험학습을 계획해보았습니다. 다행히 이런 취지에 맞게 여러 공공기관에서 무료로 배포한 확장 가상 세계 플랫폼이 존재하는데, 이 플랫폼들을 교사가 학교 현장과 실정에 맞추어 재구성한다면 충분히 현장감 있는 원격 현장 체험학습이 될 것입니다.

수업 자의 의도

현장 체험학습이 교실 안에서 진행되는 수업과 가장 큰 차이점은 바로 생생한 현장감입니다. 책 속이나 동영상 속에서 볼 수 있는 자료들을 직접 눈으로 보고 귀로 듣고 손으로 만집니다. 그래서 이름도 '현장' 체험학습입니다. 현장 체험학습을 원격으로 체험하기 위해 가장 먼저 고려해야 할 부분이 바로 이 현장감입니다. 학생들은 실제로는 집에 있지만, 화면을 통해 직접 현장에 있는 듯한 느낌이 늘게 하는 것이 바로 원격 현상 제험학습의 중요 포인트입니다. 다행히도 게더타운은 이 포인트를 훌륭하게 소화해 내고 있습니다. 사물 배치, 다양한 바닥이나 타일 등의 인테리어, 시청각 자료들의 연동 등이 이를 가능하게 합니다. 비대면 시대에 맞추어 비록 실제 현장은 아니지만, 화면을 통해 현장감이 동반된 원격 현장 체험학습을 구현시키는 데 큰 노력을 들였습니다.

수업의 흐름

현장 체험학습 장소 선정 및 기획하기 → 현장 체험학습 시작 전에 → 원격 현장 체험학습 시행하기 → 현장 체험학습을 다녀와서(평가)

Quest 01. 현장 체험학습 장소 선정 및 기획하기

학생들에게 사전에 온라인체험학습을 계획하고 있으니 어디를 가고 싶은지 미리 구상하고 오라는 과제를 내줍니다. 현장 체험학습이란 단순히 놀러 가는 시간이 아닌 교실이라는 환경을 벗어나 체험장소에서 현장감을 느끼며 깊고 넓은 이해를 목적으로 함을 명시합니다. 현장 체험학습으로 선정할 장소에 대한 의견공유 및 투표 역시 게더타운 내 원격으로 진행됩니다. 교사는 일정 기간 교실 특정 장소에 새로운 오브젝트를 설치합니다. 그 오브젝트에 공유 화이트보드, 패들렛이나 구글 폼(설문 조사)을 연동시키면 간단히 사전 조사는 해결되는 것이지요. 생각보다 다양한 장소와 그럴듯한 의견들이 나오게 될 겁니다. 이 사전 조사를 진행함으로써 느끼는 바는 오히려 효율적이고 직관적인 에듀테크를 이용한 원격 조사가 대면상의 의견공유 및 투표보다 훨씬 간단하고 명쾌하게 이루어짐을 확인할 수 있습니다.

실제 현장학습을 가기 전 학교에서는 체험 일시부터 시작해서 장소 선정, 현장학습 목표 등을 계획하게 됩니다. 어떤 콘셉트로 어디를 방문할 것인지, 방문해서 얻을 수 있는 교육적 효과는 무엇인지 등 목표를 세우게 되죠. 온라인 현장 체험학습도 마찬가지입니다. 학생들이 현장 체험학습을 원격으로 참여할 뿐이지 실제 현장학습과 다른 점은 크게 없습니다. 또한 현장 체험학습 장소 또한 학급 특성이나 학생들의 흥미, 관심을 반영해 장소를 선정할 수 있습니다. 체험학습을 하러 가게 되는 시기의 교육 과정상 진도도 반영할 수 있고요. 이는 학생들에게 자신들의 의견을 공유해 스스로 장소를 선정하며 참여하게 되는데 큰 의미가 있습니다.

예를 들어 학습주제를 환경으로 잡는다면 자연사 박물관이나 한국전력발전소 박물관 등이 있고, 학습주제를 역사로 잡는다고 하면 서대문형무소역사관 혹은 민속촌 등이 될 수 있죠. 더 재미있는 점은 현장학습을 하러 가는 장소 또한 학생들이 직접 참여하여 꾸미고 구성할 수 있다는 점입니다. 가상의 박물관 콘셉트를 잡아서 학생들이 박물관 내 전시품들의 구상부터 위치 선정, 인테리어 등 모두 참여할 수 있게 되고 학생들이 제작한 장소에 스스로 학급 친구들을 초대하여 손쉽게 공유할 수도 있죠.

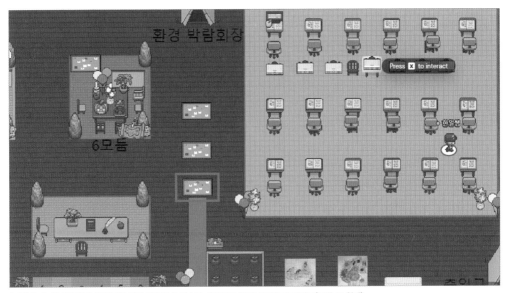

[그림 3-5-1] 원격으로 학생들이 직접 현장학습 장소를 선정하기 위해 설치한 오브젝트(구글 폼 연계)

　학생들이 참여할 현장 체험학습 장소를 교사나 혹은 학생들이 직접 만들어 제공하는 게 학습 목표에 부합할 수 있지만, 이는 맵 구성에서부터 시작해서 어떤 자료를 어디에 배치하고 어떻게 정보를 제공할지 그리고 맵에서 디테일한 인테리어나 디자인 등 다소 제한사항이 많이 있을 수 있습니다. 그런데 다행히도 여러 기관에서 수준 높은 게더타운 내 현장학습 플랫폼을 제공해주는 것을 볼 수 있습니다. 일부 플랫폼은 유료로 제공될 수도 있지만, 한국전력공사에서 만든 한전타운, 코카콜라타운, 서대문형무소역사관, 서대문자연사박물관 등 다양한 콘셉트의 장소가 제공되고 교사는 이를 손쉽게 선택해 학생들과 함께 현장 체험학습을 할 수 있게 됩니다.

[그림 3-5-2] 기관에서 제공하는 스페이스(현대 Safe Town)

[그림 3-5-3] 기관에서 제공하는 스페이스(코카콜라타운, 지역문화재단 홍보타운)

Quest 02. 현장 체험학습 시작 전에

현장 체험학습 장소의 스페이스로 가기 전에 꼭 교실에 모여서 학생들에게 사전 지도를 해야 합니다. 현장학습 장소의 스페이스 내에서 학생들에게 전달 사항을 공지하고 안내하기에는 원활한 통제가 이루어지지 않습니다. 아무리 원격이지만 교실 밖을 벗어난 학생들에게는 자유의 공간이니까요. 교실 내에서 사전 지도를 한 이후에 새로운 장소의 스페이스 URL을 공지합니다.

입장 전 사전지도

원격 현장 체험학습도 엄연한 현장 체험학습일 뿐! 줌 수업에서 노는 시간 혹은 자유 시간이 아님을 강조해야 합니다. 이번 계획상에는 박물관 답사 전에 미션지 등을 준비해서 제공하여도 좋습니다. 물론 미션지 역시 온라인으로 제공되지요. 학생들에게 자유로이 관람할 시간을 제공하는 만큼 학생들은 미션지에 있는 미션을 수행하기 위해 자유로이 관람을 시작합니다. 열의가 있지만 혼자 하기 버거운 학생들은 삼삼오오 모여서 자신

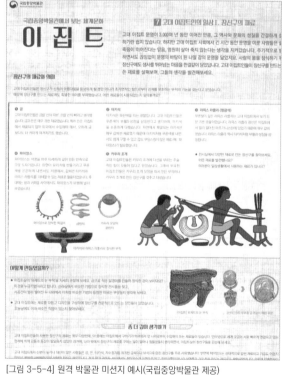

[그림 3-5-4] 원격 박물관 미션지 예시(국립중앙박물관 제공)

들이 알아낸 정보들을 공유하기 시작합니다. 미션지의 유무는 학생들의 참여도와 밀접한 관계가 있습니다. 만약 미션지가 제공되지 않는다면 금세 관람에 지루에 하거나 혹은 몇몇 친구들끼리 개인행동을 하는 학생들이 일부 등장하겠지만, 미션지 제공에 따라 학생들의 관람 시 동기부여가 되므로 꼭 양질의 미션지를 준비해야 성공적인 원격 현장 체험학습을 진행할 수 있습니다.

입장(박물관 예절교육)

아무리 원격상이지만 학생들에게 박물관 예절교육은 빼놓을 수 없죠. 게더타운 내 박물관이지만 학생들에게 박물관 이용수칙 등에 대해서 입장 전에 로비에서 지도해줍니다. 박물관 실내에서는 뛰지 않고, 큰 소리를 내지 않으며, 만약 길을 잃을 시에는 정해진 장소로 모이는 등 규칙을 설명해주고 입장합니다. 한전타운 스페이스에는 방명록 기능이 있네요. 방명록에 방문 기록을 남기고 이제 본격적으로 입장합니다.

[그림 3-5-5] 한전 스페이스에서 제공하는 방명록 기능

Quest 03. 현장 체험학습 시행

    이제 드디어 실제 선정된 현장학습 스페이스로 체험을 떠날 시간입니다. 현장학습 장소의 URL 역시 사전에 준비한 오브젝트에 링크를 연동시켜서 손쉽게 이동할 수 있습니다. 교사의 사전 지도학습이 끝나면 연계된 오브젝트를 교사가 소개하며 다 같이 체험장소로 이동합니다. 그런데 여기서 선정장소의 스페이스에 장소 편집 권한이 있다고 한다면 손쉽게 포탈기능을 이용하여 이동할 수 있습니다. 오브젝트에 접근하여 상호작용한 후 게더타운 URL 자체를 변환 시켜 접근하는 방식보다 사전에 세팅된 포털을 이용해 장소 전환을 하는 것이 훨씬 단순한 방법이겠죠. 하지만 공공기관 등에는 자기 교실과 연계된 포털을 설치할 수 없으니 여러 가지 URL 접근 방법을 숙지하고 있어야 합니다.

[그림 3-5-6] 한전타운 스페이스

(1) 장소를 선정하고 기획했으면 이제 실제로 현장학습을 떠나봐야죠? 관련 과목과 연계해 교육계획을 작성하고 이제 현장 체험학습을 떠나 봅시다. 오늘 현장학습 장소로 선정된 곳은 '한국전력공사 박물관'입니다. 여기는 한전에서 공식적으로 제작하고 무료로 배포한 원격상의 '한전타운'입니다. 학생들은 각 가정에서 이 게더타운 플랫폼을 활용해 한전타운 스페이스에서 만나게 되었습니다.

(2) 입장 후 학생들은 교사의 인솔하에 혹은 학생들 자발적으로 질서를 지키며 관람을 시작하게 됩니다. 한전타운 스페이스에서는 학생들이 각 전시품 앞에 가서 X 키를 눌러 상호작용하면 친절하게도 전시품들에 대한 상세한 설명을 볼 수 있습니다. 이 설명을 읽으며 학생들은 자발적으로 오늘의 주제인 전기, 전력 역사에 대해 배우고 공부하게 됩니다. 게더타운 안의 스페이스로 현장학습을 온다면 나 혼자 공부하는 인터넷 학습이 아닌 또래와 같이 이야기하고 의견공유와 수다도 떨면서 느끼는 즐거움 그리고 마치 실제로 박물관에 놀러 온 듯한 현장감을 흠뻑 느낄 수 있습니다.

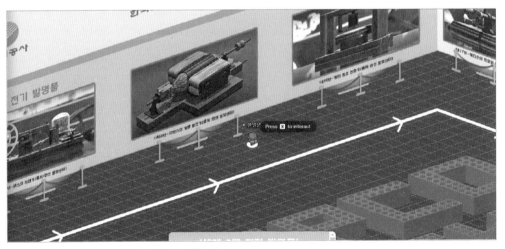

[그림 3-5-7] 즐겁게 관람할 수 있는 한전 스페이스 내부 모습

Quest 04. 현장 체험학습을 다녀와서

원격 현장 체험학습이 끝났다면 다시 내 교실 URL을 통하거나 포털 타일 기능을 이용해 다시 교실로 모입니다. 교실에 다시 모이는 이유는 학생들이 원격상이지만 교실 내에 있어야 정돈된 느낌으로 교사의 말을 경청할 테고, 또 사전에 설계된 오브젝트에 접근하기 쉬워서입니다. 이 역시 오브젝트와의 상호작용은 버튼 한 개로 손쉽게 가능합니다.

(1) 원격 현장 체험학습을 다녀온 후, 학생들에게 수행할 과업을 제시한다면 더 효과적으로 체험학습을 진행할 수 있습니다. 이 역시 원격으로 효과적으로 이루어질 수밖에 없는데요. 이때 게더타운 스페이스에 각종 에듀테크를 연동시켜 효율적으로 체험학습 평가를 할 수 있습니다. 이때 사용되는 에듀테크 역시 링크연동만으로 손쉽게 학생들이 접근할 수 있습니다.

[그림 3-5-8] 게더타운에서 평가를 위해 설치한 오브젝트(페들렛과 연동)

(2) 먼저 쉽게 오브젝트에 연동하여 사용할 수 있는 프로그램은 패들렛입니다. 패들렛을 사용하면 학생들은 손쉽게 평가지에 접근하고 공유도 할 수 있습니다. 현장학습 장소로 선정된 스페이스와 교실에 포털을 만들어 학생들이 간편하게 교실로 복귀 후 교사의 인솔로 바로 패들렛에 들어가 과업을 수행합니다.

(3) 게더타운 교실 스페이스 내에서는 현장학습 만족도 조사 역시 진행할 수 있습니다. 바로 '구글 폼'과 연동된 오브젝트를 통해서입니다. 교사는 사전에 '구글 폼'에 미리 현장학습 만족도 조사를 위한 질문들을 세팅해 둡니다. 특정 오브젝트에는 모든 사이트의 주소를 연동시킬 수 있습니다. 위의 (2)에서 설명한 패들렛을 연동시켰을 때와 마찬가지로 미리 연동시킨 '구글 폼' 설문지를 통해 학생들이 현장학습에 대해 얼마나 만족했는지, 아쉬운 점은 무엇인지 등을 검토해 추후 체험학습 기획 시 참고할 수 있습니다.

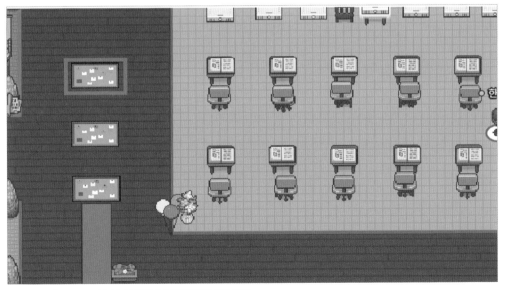

[그림 3-5-9] 만족도 조사를 위해 설치한 오브젝트(네이버 폼과 연동)

6.   우리는 환경을 실천하는 숲~퍼 히어로!

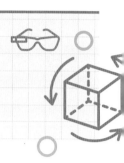

　환경교육은 더는 이론 교육에 그쳐서는 안 됩니다. 학생들의 실제 삶과 동떨어진 환경교육은 지구 환경 위기 극복에 도움이 되지 않습니다. 우리 눈앞에 있는 환경 위기 극복을 위해서는 학생들이 자신의 삶 속에서 환경 보호를 실천할 수 있도록 돕는 생생(生生)한 환경교육이 이루어져야 합니다.

　본 프로젝트에서는 학생들이 자신의 삶 속에서 환경 보호를 실천하는 '숲~퍼 히어로'가 되어보고자 합니다. 학생들은 숲퍼 히어로가 되어 플라스틱과 쓰레기 문제의 심각성을 알고 이를 해결하기 위해 환경 보호를 실천하는 환경 운동가의 역할을 경험합니다. 학생들이 일상 속에서 쉽게 환경 보호를 실천을 경험해 볼 수 있도록 본 장에서는 세 가지의 챌린지를 제공합니다. 학생들은 숲퍼 히어로로서 스스로 챌린지 실천 계획을 세우고 일정 기간 챌린지를 실천해 가면서 지속적이면서 실제로 내가 환경을 위해 할 수 있는 일들에 대해 고민하고 실천하는 경험을 할 수 있습니다.

'우리는 환경을 실천하는 숲~퍼 히어로!' 프로젝트는 총 네 개의 퀘스트로 구성하였습니다.

첫 번째 퀘스트는 학생들이 그림책 『플라스틱 섬』을 함께 읽고 인간이 버린 플라스틱 쓰레기들 속에서 살아가고 있는 동물들의 고통에 공감하여 환경 위기의 심각성과 환경 보호의 필요성을 인식하는 것을 목표로 합니다. 본 퀘스트를 통해 환경 파괴로 인한 동물의 고통을 학생 스스로가 자신의 문제로 인식하게 됩니다.

두 번째 퀘스트는 제로 웨이스트의 개념과 제로 웨이스트 실천 방안에 대한 생각을 나누는 활동으로 진행됩니다. 이 퀘스트 속에서 학생들은 지난 일주일 혹은 하루 동안 실제로 자신이 버린 쓰레기를 살펴보고 분류하는 활동을 진행합니다. 이 퀘스트를 통해 학생들은 자신이 주로 어떤 쓰레기를 배출하는지, 불필요한 포장지나 불필요한 플라스틱이 얼마나 많이 일상생활에서 사용되고 있는지를 활동 속에서 스스로 느낄 수 있습니다. 또한, 이러한 수많은 쓰레기의 종착지가 어디인지 학습한 후, 제로 웨이스트를 일상 속에서 실천하는 방안에 관해 탐구하는 시간을 가집니다.

세 번째 퀘스트에서는 숲퍼 히어로로서 환경 보호를 실천하는 챌린지 활동이 시작됩니다. 본 퀘스트에서 제공하는 챌린지는 크게 세 가지로 용기 내 챌린지, 플라스틱 다이어터 일기쓰기 챌린지, 쓰담 챌린지입니다. 학생들은 자신이 일상생활 속에서 실천할 수 있는 챌린지를 스스로 선택하고 실천 계획을 세울 수 있습니다. 챌린지 결과 공유는 챌린지에 참여하는 모든 학생이 서로의 상황을 공유할 수 있도록 패들렛을 활용합니다. 패들렛을 통해 실천 기간에 스스로 챌린지를 실천하며 그 과정 및 결과에서 느꼈던 생각이나 떠오르는 질문들을 자유롭게 패들렛에 기록합니다. 학생들은 챌린지 활동을 통해 실제 환경 지킴이로서 해야 할 역할을 경험해볼 수 있습니다.

마지막 퀘스트는 숲퍼 히어로 수료식입니다. 본 퀘스트는 숲퍼 히어로로서 환경을 지키는 데 앞장선 학생들을 서로 칭찬하고 본 프로젝트가 끝난 후에도 환경 보호를 위한 행동 변화를 지속해서 실천할 수 있도록 장려하는 것에 그 목표가 있습니다. 학생들은 수료식에서 그동안 환경 보호를 실천하면서 느꼈던 점, 아쉬웠던 점 그리고 함께 이야기 나눴으면 하는 주제들에 대해 정리하여 발표하고 나누는 활동을 합니다. 더불어 주변 사람들에게 환경 챌린지를 함께하자고 공표하고 홍보하는 연설 활동도 진행합니다. 다른 사람들 앞에서 환경에 대한 자기 생각을 이야기하고 환경 챌린지를 함께하자고 공표하는 활동은 굉장히 의미 있는 활동입니다.

학생들에게 환경 보호란 단지 일회성으로 끝나는 것이 아닌 앞으로의 삶 속에서 지속해 나가야 함을 알려줄 수 있으며, '숲퍼 히어로'로서의 책임과 역할을 다해야 함을 다시 한번 인지시켜줄 수 있기 때문입니다.

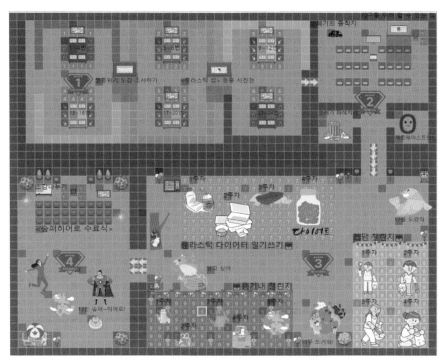

[그림 3-6-1] 숲~퍼 히어로 교실

　　본 프로젝트는 네 개의 퀘스트로 구성되어 있습니다. 그래서 각 퀘스트를 구분하기 위해 게더타운 교실 전체를 네 구역으로 나누어 구성하였습니다. 구역을 나누기 위해 Wall&Floor 탭에서 Floor 색을 다르게 하여 각 퀘스트 방을 구분했습니다. Floor 색뿐 아니라 방과 방 사이에 원하는 색상의 Wall을 넣어 각 퀘스트 영역을 구분할 수도 있습니다.

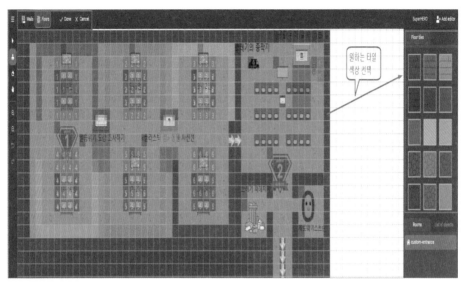

[그림 3-6-2] Wall&Floor로 교실 속 구역 나누기

본 프로젝트는 네 개의 구역을 순서대로 이동하며 퀘스트 1부터 퀘스트 4까지 순서대로 진행됩니다. 프로젝트 시작 전, 'minimap'을 통해 교사는 학생들에게 화살표 방향으로 수업이 진행됨을 사전에 안내할 수 있습니다.

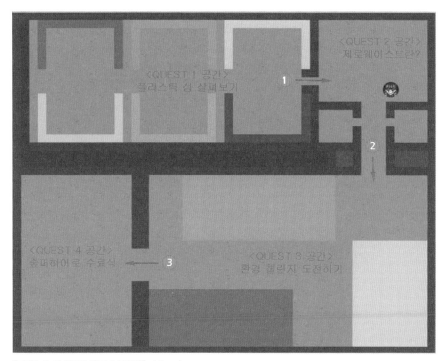

[그림 3-6-3] 퀘스트 활동 순서 안내(minimap)

Quest 01. 플라스틱 섬 살펴보기

환경을 지키는 숲~퍼 히어로! 첫 번째 퀘스트가 시작됩니다. 이 공간에서 학생들은 플라스틱 문제를 담고 있는 그림책을 함께 읽고 플라스틱 섬 속에서 살아가고 있는 동물들의 모습에 대해 자유롭게 이야기 나눕니다.

예시로 제시한 『플라스틱 섬』 그림책은 사람들이 버린 플라스틱 쓰레기들이 모여 만들어진 플라스틱 섬 속에서 살아가고 있는 동물들의 모습을 사실적으로 표현한 책입니다.

초등학생들은 동물을 좋아하며 동물에 관심이 많고 동물의 고통이나 슬픔에 더 크게 공감합니다. 학생들의 생각은 단순히 동물이 불쌍하다는 생각에서 고통받는 동물들을 지키기 위해 플라스틱 문제를 해결하고 싶다는 생각으로 이어질 수 있습니다. 첫 번째 퀘스트 속에서 학생들은 플라스틱과 쓰레기 문제의 심각성을 깨닫고, 환경 보호를 위해 '숲퍼 히어로'로서 행동의 변화가 필요하다는 것을 인식할 수 있습니다.

[그림 3-6-4] 「플라스틱 섬」 그림책 표지

이 공간은 학생들이 함께 그림책을 읽고 이야기 나눌 수 있도록 모둠 책상과 의자를 배치하여 모둠활동으로 구성하였습니다. 또한, 각 모둠은 'Private Area'로 설정되어 있어 모둠 친구들끼리 카메라와 마이크를 켜고 동물들의 모습을 보고 느낀 점이나 떠오르는 점에 대해 자유롭게 생각을 주고받을 수 있습니다. 교사가 책상 Object를 배치한 후, 'Objects-Insert Text' 기능에서 1~4번, 1~6번 등으로 학급 번호 범위를 입력해 준다면 학생들이 자기 번호에 해당하는 모둠으로 이동하여 질서 있게 모둠활동에 참여할 수 있습니다.

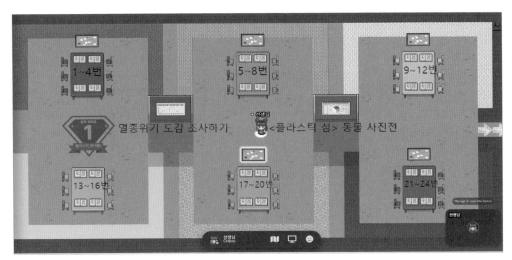

[그림 3-6-5] '퀘스트 1' 모둠활동 구성 및 배치

그림책을 모둠에 공유하는 방법으로는 구글 프레젠테이션을 추천합니다. 구글 프레젠테이션으로 그림책을 한 장씩 제공하면 학생들이 동시에 그림책을 함께 읽을 수 있으며 '보기-슬라이드 쇼' 선택을 통해 학생들이 직접 그림책을 넘기며 읽는 효과도 얻을 수 있기 때문입니다.

또한, 카메라와 마이크로 자기 생각을 모둠별로 이야기하는 시간을 제공해도 좋으나, 학생들이 플라스틱 문제의 심각성이나 플라스틱 섬을 보고 떠오르는 생각들을 자유롭게 정리할 수 있도록 교사가 패들렛 링크를 만들어 공유하면 전체 학생들의 의견을 한눈에 볼 수 있습니다.

[그림 3-6-6] 환경 그림책 읽기 후 패들렛 활동 사례

'퀘스트 1' 심화 활동으로 진행할 수 있는 활동들은 다음과 같습니다. 우리나라와 세계에서 위험에 처한 멸종위기 동·식물들을 조사하는 멸종위기 도감 제작하기 활동이나 쓰레기 문제로 고통받고 있는 동물의 모습을 담은 사진들을 전시 및 감상하는 동물 사진전 활동을 추가로 진행할 수 있습니다. 학생들은 이러한 활동들을 통해 내가 쉽게 버리는 쓰레기들과 플라스틱이 우리와 함께 살아가고 있는 동·식물들을 고통스럽게 하고 있음을 한 번 더 느낄 수 있습니다. 게더타운은 여러 가지 플랫폼을 연결한 오브젝트를 배치하여 학생들이 그 오브젝트 옆에 다가가면 교사가 제공한 플랫폼에 쉽게 접속할 수 있게 합니다.

또한, 모든 학생이 동시에 한가지 플랫폼에서 수업 활동에 참여할 수 있다는 장점이 있습니다. 이러한 게더타운의 장점을 활용하여 숲퍼 히어로 교실을 제공할 때 다양한 오브젝트를 배

치하고, 그 오브젝트에 여러 가지 플랫폼을 연결하였습니다. 여러 가지 플랫폼 중 학생들이
각자의 생각이나 활동 과정을 수시로 기록할 수 있고 동시에 다른 학생들의 결과물을 한눈에
살펴볼 수 있는 'Padlet' 플랫폼을 주로 사용하였습니다. 'Padlet'과 함께 쉽게 사용하실 수 있
는 플랫폼에는 'ThinkerBell' 플랫폼도 있습니다.

[그림 3-6-7] '동물 사진전' 패들렛 활동 사례

[그림 3-6-8] '멸종위기 도감 제작' 패들렛 활동 사례

Quest 02. 제로 웨이스트란?

플라스틱과 쓰레기 문제의 심각성을 인지했다면 두 번째 퀘스트 공간에서는 환경 문해력을 기르기 위해 '제로 웨이스트'의 개념과 제로 웨이스트를 실천할 방안에 대해 학습합니다.

이 공간은 실제 교실과 유사하게 책상과 의자, 칠판으로 배치하였습니다. 이 공간에서는 네 개의 오브젝트에 네 개의 활동을 연결하여 순서대로 학습이 진행될 수 있도록 구성하였습니다.

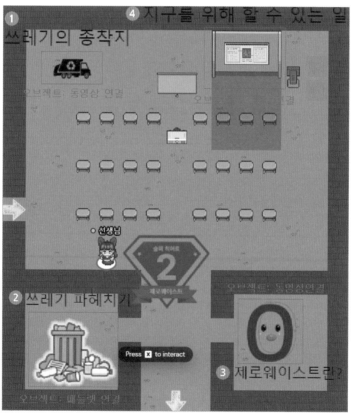

[그림 3-6-9] '퀘스트 2' 교실 구성 및 오브젝트 배치

학생들과 ① '쓰레기의 종착지'에서 쓰레기 처리 과정 및 쓰레기 문제의 심각성을 동영상을 통해 학습합니다. 이후, ② '쓰레기 파헤치기' 활동으로 이동하여 학생들이 지난 일주일 혹은 하루 동안 실제로 버린 쓰레기를 살펴보는 활동을 진행합니다. 실제 쓰레기통을 가지고 와서 살펴보아도 좋습니다. 교사는 오브젝트에 패들렛을 연결하여 학생들이 자기가 버린 쓰레기 사진을 올릴 수 있도록 활동을 구성합니다. 이 과정에서 학생들이 지나치게 많은 쓰레기 사진을 올릴 수 있으므로 교사가 쓰레기 중에서 플라스틱이나 비닐 쓰레기를 올려보자고 범위를 제한해주는 것도 좋습니다.

학생들과 자신들이 실제로 버린 쓰레기를 살펴본 후, 쓰레기들을 직접 분류할 수 있게 활동을 구성하였습니다. 교사가 패들렛을 제작할 때 패들렛 중 '캔버스'를 사용하면 학생들이 자유롭게 게시글을 원하는 곳으로 옮겨 배치할 수 있으므로 분류 활동에 적절합니다. 학생들이 패들렛에서 쓰레기들을 분류하는 과정에서 우리 반 학생들이 주로 어떤 쓰레기를 배출하는지, 불필요한 포장지나 불필요한 플라스틱이 얼마나 많이 일상생활에서 사용되고 있는지를 스스로 느낄 수 있었습니다.

[그림 3-6-10] '쓰레기 파헤치기' 패들렛 활동 사례

③ '제로 웨이스트란?'에서는 동영상을 통해 제로 웨이스트의 개념과 실천 방안에 대해 학습합니다. 제로 웨이스트란 제로(0)와 웨이스트(Waste)의 합성어로 쓰레기를 0으로 만들자. 즉, 불필요한 쓰레기를 줄이자는 뜻입니다. 이 과정에서 학생들과 제로 웨이스트의 개념에 대해 충분히 이야기를 나누는 것이 좋습니다. 학생 중 일부는 자칫 제로 웨이스트 개념을 쓰레기를 전혀 만들지 않는 것으로 잘못 인지하는 경우가 있습니다. 우리가 생활 속에서 쓰레기를 만드는 것은 피할 수 없습니다. 하지만 제로 웨이스트란 우리가 굳이 만들지 않아도 되는 쓰레기를 만들고 있지 않았는지 생각해보고 불필요한 쓰레기를 줄이는 것임을 교사가 학생들에게 다시 한번 설명해주면 좋습니다.

④ '지구를 위해 할 수 있는 일' 활동으로 이동합니다. 이 활동에서는 쓰레기 문제들을 해결하기 위한 실천 방안에 대해 자기 생각을 나누는 시간을 가집니다. 이 과정에서 학생들과 다양한 쓰레기들을 살펴보지만, 쓰레기 중에서 플라스틱과 비닐 쓰레기에 아이들을 집중시키면 좋습니다. 다른 쓰레기들도 문제이지만 썩는 데 많은 시간이 소요되는 플라스틱과 비닐 쓰레기의 심각성을 인지시킨다면 학생들이 실천 방안을 마련하는 과정에서 구체적인 실천 방향을 설정하기 좋습니다. 학생들이 자신이 생각한 쓰레기 문제 해결 방안에 대해 패들렛에 올린 후, 한 사람씩 발표할 때 나머지 학생들이 발표자에게 집중할 수 있도록 'Tile Effects'를 설정하면 좋습니다. 교사가 연단 오브젝트에 'Spotlight' 기능을 넣어 제공하면 그 연단에 서서 발표하는 학생은 자동으로 모든 학생에게 방송하듯이 카메라와 마이크가 송출됩니다.

또한, 교사는 학생들이 슈퍼 히어로로서 쓰레기 문제를 해결하는 방안에 대해 자유롭게 질의 응답하며 더 좋은 해결방안을 찾아갈 수 있도록 자유로운 분위기를 조성해주면 좋습니다.

[그림 3-6-11] '지구를 위해 할 수 있는 일' 패들렛 활동 사례

Quest 03. 환경 챌린지 도전하기

　세 번째 퀘스트는 숲퍼 히어로로서 환경 보호를 실제 삶 속에서 실천하는 활동으로 구성하였습니다. 이 공간에서는 학생들에게 환경 보호를 실천할 수 있는 챌린지를 제공합니다. 학생들에게 제시할 수 있는 환경 보호 챌린지에는 '용기 내 챌린지', '플라스틱 다이어터 일기 쓰기 챌린지', '쓰담 챌린지' 등이 있습니다. 실제로 이러한 챌린지들은 환경을 지키기를 실천하기 위해 많은 사람이 실제 삶에서 참여하고 있는 챌린지들입니다.

　'용기 내 챌린지'는 음식 포장으로 발생하는 불필요한 쓰레기를 줄이자는 취지에서 천 주머니, 에코백, 다회용기 등에 식자재나 음식을 포장해 오는 챌린지입니다. '플라스틱 다이어터 일기 쓰기 챌린지'는 하루 동안 내가 배출한 플라스틱이나 비닐 쓰레기를 매일매일 기록하는 일기를 쓰며 생활 습관을 바꿔 가는 챌린지입니다. '쓰담 챌린지'는 쓰레기 담기의 줄임말로

등하교 시 학교 주변이나 집 주변의 쓰레기를 자발적으로 줍는 활동을 뜻합니다.

학생들에게 위 세 가지 챌린지를 안내하고 자신이 삶 속에서 실천할 수 있는 챌린지를 선택할 수 있도록 합니다. 그 후 학생들은 각자 챌린지 기간을 스스로 설정합니다. 학생들의 챌린지 시작 전 사전 준비가 완료되면 학생들은 자신이 설정한 기간에 자유롭게 퀘스트 3번 공간으로 접속하여 자신의 챌린지를 기록해 나갑니다.

이러한 활동이 원활하게 진행되기 위해 교사는 퀘스트 3번 공간을 세 가지 챌린지 공간으로 나누는 작업이 필요합니다. 게더타운에서 한 공간을 세 가지 구역으로 나누고 싶다면 'Wall& Floors'에서 'Floor tiles' 색상으로 공간을 나누거나 'Walls'에서 색깔 있는 벽을 설치하여 챌린지 공간을 구분할 수도 있습니다. 아래 사진 속 공간은 세 가지 챌린지 공간을 'Floors'의 세 가지 색상으로 구분했습니다.

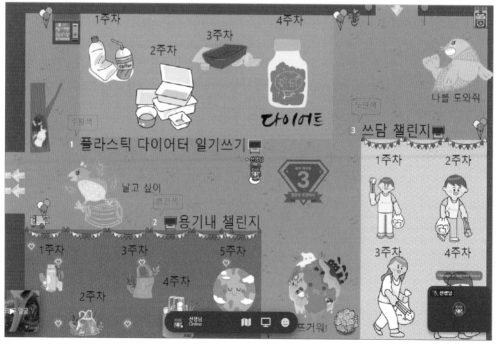

[그림 3-6-12] '퀘스트 3' 환경 챌린지 공간 구역 나누기

세 가지 챌린지 공간을 구분하였다면, 각각의 챌린지에 오브젝트를 설치하여 오브젝트에 패들렛 링크가 연결되도록 설정합니다. 학생들에게 오브젝트를 통해 쉽게 패들렛에 접속할 수 있도록 돕고, 같은 챌린지를 하는 학생들이 다른 학생들의 챌린지 현황과 상태를 동시에 확인할 수 있도록 하여 가능하면 많은 학생이 챌린지에 적극적으로 참여할 수 있도록 동기 부여를 하는 것이 좋습니다.

[그림 3-6-13] '용기 내 챌린지' 패들렛 활동 사례

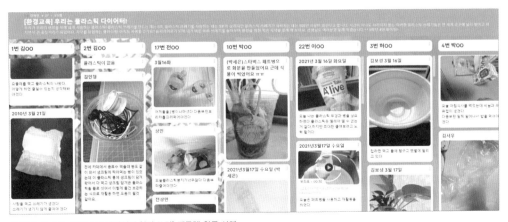

[그림 3-6-14] '플라스틱 다이어터 일기 쓰기' 패들렛 활동 사례

교사는 챌린지 기간에 학생들이 적극적으로 챌린지에 참여할 수 있도록 계속해서 피드백을 제공해야 합니다. 매주 챌린지에 열심히 참여하고 있는 학생들을 시상하는 시상식을 여는 것도 학생들이 꾸준히 챌린지에 참여할 수 있도록 돕는 방법입니다.

Quest 04. 숲퍼 히어로 수료식

네 번째 퀘스트 공간은 숲퍼 히어로 수료식이 이루어지는 공간입니다. 그동안 학생들이 숲퍼 히어로로서 환경 보호를 생활 속에서 실천하면서 느꼈던 점이나 소감을 발표한 후, 앞으로 숲퍼 히어로로서 생활 속에서 계속해서 실천하고 싶은 활동들이나 새롭게 도전해 보고 싶은 활동들을 발표하고 공유하는 활동으로 구성하였습니다.

[그림 3-6-15] '퀘스트 4' 숲퍼 히어로 수료식 공간 구성 및 배치

학생들이 숲퍼 히어로 활동하면서 느꼈던 점이나 소감 혹은 반성을 자유롭게 기재할 수 있도록 오브젝트에 'Mentimeter' 플랫폼을 연결하였습니다.

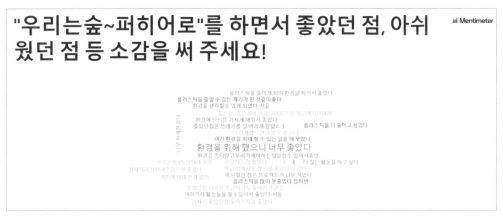

[그림 3-6-16] '숲퍼 히어로 수료식' 소감 나누기 사례

학생들은 자신이 설정한 기간에 꾸준히 숲퍼 히어로로서 환경 지킴이의 역할을 잘 수행했으므로 이에 대한 작은 보상으로 숲퍼 히어로 수료증도 전달하였습니다.

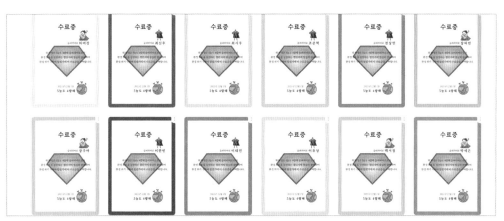

[그림 3-6-17] '숲퍼 히어로 수료식' 수료증 전달식

교사는 게더타운에 연단을 만들어 학생들이 지구를 지키는 환경 운동가로서 자신의 챌린지 결과 및 앞으로 삶 속에서 챌린지를 일상화하기를 바라는 연설 활동을 할 수 있도록 연단에 'Tile Effects'를 설정하면 좋습니다. 교사가 연단 오브젝트에 'Spotlight' 기능을 넣어 제공하면 그 연단에 서서 발표하는 학생은 자동으로 모든 학생에게 방송하듯이 카메라와 마이크가 송출됩니다. 이러한 활동들을 통해 학생들에게 환경 보호란 단지 일회성으로 끝나는 것이 아닌 앞으로의 삶 속에서 지속해 나가야 함을 알려줄 수 있으며, '숲퍼 히어로'로서의 책임과 역할을 다해야 함을 다시 한번 인지시켜줄 수 있습니다.

7. 쓰레기 ZERO 프로젝트_
새활용(Upcycling)

수업 자의 의도

환경을 생각하는 마음으로 모두가 분리수거 잘하려고 노력하고 있을 것입니다. 올바른 분리수거는 재활용으로 이어져 우리 환경을 지키는 것에 큰 도움이 됩니다. 이 재활용은 'RECYCLE(재활용)'이라고 영어로 표기하며 버리는 물품을 재생하여 다시 사용하는 행위를 뜻합니다. 그렇다면 혹시 'UPCYCLE'이라는 단어를 들어본 적이 있나요? 'UPCYCLE'은 단순한 재활용을 넘어서서 디자인 또는 활용적인 가치를 더하여 기존의 것보다 더 높은 가치를 지닌 제품으로 활용하는 것을 말합니다. Upcycling(업사이클링)은 '새활용'이라는 우리말로 사용하면 더 좋겠지요?

최근에 쓰레기 매립 문제로 골머리를 앓고 있는 상황에서 재활용 과정에서 발생하는 분쇄, 파쇄 등 물리적 화학적 변형이 없는 자원 새활용의 의미는 앞으로 더더욱 중요하게 다가올 것입니다. 이러한 상황 속에서 학생들에게 새활용(Upcycling)의 개념을 함께 다루고, 그 사례는 어떤 것이 있을지 알아보는 수업은 미래를 살아갈 아이들에게 매우 중요한 일이 될 것입니다.

수업의 흐름은 아래와 같습니다.

수업의 흐름

| 새활용(Upcycling)이란? | → | 새활용품의 시작은 재활용부터! | → | 나만의 업사이클 만들어보기 | → | 새활용품 전시회 열기 |

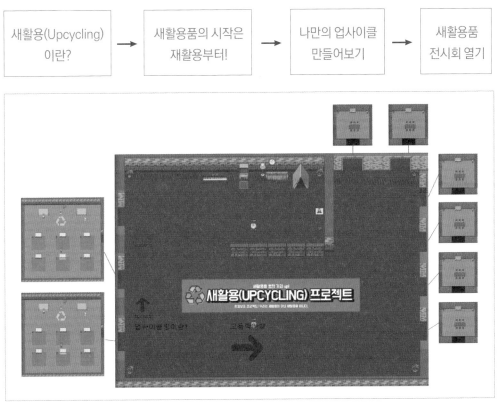

[그림 3-7-1] 게더타운 구조도

먼저 이 수업을 하기 위한 게더타운 구조도입니다. 게더타운 교실에는 총 두 개의 수업 룸과 여섯 개의 모둠 활동 룸이 있습니다. 두 개의 수업 룸에서는 각자 학생들이 개별적인 활동을 진행하고 결과를 수행하는 방입니다. 이 방에서 수행한 결과물은 다른 조의 결과까지 언제든지 확인할 수 있습니다. 다른 조와의 상호 평가와 다른 조를 참고한 자기평가를 통하여 결과물의 질을 조금 더 높일 수 있을 것입니다. 활동마다 수행한 결과물은 학생들이 조모임 과정에서 만드는 포트폴리오에 들어갈 수 있도록 구성합니다. 여섯 개의 조별 활동 방에서는 조별 결과물을 위한 조모임을 할 수 있도록 구성하였습니다. 이 방에서 자신들의 새활용 프로젝트 결과물을 만들어 내고 최종적인 협업 프레젠테이션까지 만들 수 있도록 구성하였습니다. 때에 따라서는 협업 프로그램을 개인 프로젝트 학습으로 변경하여 운영할 수 있습니다.

이 수업에서는 학생들이 직접 자신의 주변에 버릴 물건을 이용하여 새로운 가치 또는 활용성을 더하여 'UPCYCLE(업사이클)'이라는 가치를 알아보고 자원의 순환을 통하여 환경을 보호할 수 있다는 경각심을 알려줄 수 있을 것으로 기대됩니다.

Quest 01. 새활용(Upcycling)이란?

이 공간은 '새활용(Upcycling)' 프로젝트의 시작을 알리는 수업 공간입니다. 이번 프로젝트의 목표를 함께 공유하고 학생들이 최종적으로 만들어볼 과제를 제시합니다.

가장 먼저 학생들에게 '새활용(Upcycling)'의 개념을 알아보기 위한 영상을 시청합니다. 이 영상을 보고 내가 생각하는 'Upcycling(업사이클링)'이란 무엇인지 생각해보고 'Recycling(리사이클링)'과의 차이점에 관하여 이야기를 나누어봅니다. 아이들이 그 차이점을 찾기 어려울 때 우리말로 순화한 단어인 '재활용', '새활용'을 제시합니다. 이와 함께 몇 가지 '새활용품'을 제시하고, 이를 팅커벨 퀴즈(또는 구글 설문지 퀴즈)를 이용하여 풀어보며, '새활용(Upcycling)'이 어떤 것인지 학생들이 이해할 수 있게 합니다.

다음 그림은 무엇을 새활용하여 만든 것일까요?

정답 입력

[그림 3-7-2] 팅커벨 퀴즈 프로그램(구글 설문지 활용)

이를 통해 아이들이 '새활용(Upcycling)'의 개념을 정립하고, 패들렛을 활용하여 모둠별로 '새활용(Upcycling)' 상품을 찾아보고 올려 봅니다. 이때 윈도우 캡처 기능(윈도우키+SHIFT+S)을 활용할 수 있습니다. 조별로 찾아본 상품을 보며 우리 주변에 '새활용(Recycling)' 상품이 어떤 것이 있는지 탐색할 수 있습니다. 온라인 기반으로 수업이 진행되기 때문에 교사가 제시하는 것보다 더 많은 자료를 학생들 스스로 찾을 수 있을 것이고, 이것을 빅데이터화할 수 있는 장점이 있습니다.

[그림 3-7-3] 새활용품 조별 조사(패들렛 활용)

수업 TIP

학생들이 새활용품을 단순하게 조사하는 걸 넘어서 아래 사항에 초점을 맞춰 생각해 볼 수 있도록 합니다. 이는 추후 아이들이 직접 '새활용품'을 만들 때 중요한 요소가 될 것입니다.

1. 어떤 물건을 이용하여 만든 물건인지?

2. 어떤 용도로 쓰이던 물건인지?

3. 어떤 가치 또는 활용성이 추가되었는지?

위와 같은 관점으로 '새활용품'을 조사하고 조별로 발표를 한 후 모둠 학습방에서 자신들의 포트폴리오에 정리하며 수업을 마칩니다. 조별로 찾은 새활용품들은 최종적으로 완성할 포트폴리오에 넣도록 하며 이번 프로젝트 전체의 활동을 하나의 협업 프리젠테이션으로 구성할 수 있도록 합니다.

Quest 02. 새활용품의 시작은 재활용부터!

　이 공간에서는 학생들이 새활용에 대한 이해를 바탕으로 내 주변에서 버려질 물품이 무엇이 있을까 살펴보게 됩니다. 수업하는 환경에 따라 현재 내가 있는 공간에서 버려질 물품 또는 내가 최근에 버린 물품을 생각해보고 그것을 '새활용(Upcycling)'할 수 있는 방법이 없었는지 생각해보게 됩니다. 이때 '새활용(Upcycling)'을 위해서는 분리수거가 중요하다는 점을 알 수 있도록 지도합니다.

　분리수거의 중요성을 생각해 볼 수 있는 콘텐츠를 살펴봅니다.

[그림 3-7-4] 분리수거의 중요성을 알아볼 수 있는 영상이 연결된 오브젝트

　현재 나의 주변 또는 내가 이미 버린 플라스틱들을 조사하여 이 플라스틱의 종류들을 파악해 보고 패들렛에 분류해봅니다. 이때 조별 활동으로 진행하여 누가 더 많은 플라스틱 종류를 찾는지 게임으로 진행할 수도 있고, 개별 활동으로 진행하면서 전체 학급의 자료를 하나로 모아서 함께 공유할 수도 있습니다(오브젝트 링크 수정 필요).

　우리 주변의 플라스틱을 다른 용도로 새활용(Upcycling)을 할 수 있는 것이 어떤 것이 있었을지 모둠별(또는 학급 전체)로 브레인스토밍을 할 수 있는 회의를 해보도록 합니다.

[그림 3-7-5] 우리 주변의 재활용 플라스틱 분류하기

    마지막으로 간단한 퀴즈(구글 프레젠테이션)를 통하여 학생들이 재활용할 수 있는 물품과 불가능한(종량제 봉투에 배출) 물품을 확인하고, 자신의 집에 있는 것이 분리수거가 가능할 지 확인해봅니다. 스포트라이트 기능이 있는 자리로 가면 모니터 오브젝트와의 연결이 활성화되고 화면 공유를 통하여 교사가 퀴즈를 낼 수 있습니다.

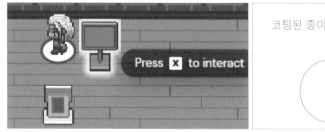

[그림 3-7-6] 구글 프레젠테이션이 연결된 오브젝트

[그림 3-7-7] 구글 프레젠테이션의 퀴즈 내용(교사의 화면 공유를 통해 진행)

플라스틱의 종류는 여섯 가지로 형성되어 있습니다. 각각 종류에 맞게 분리수거를 해야 합니다. 소비자가 분리, 배출을 쉽게 하도록 만들어진 플라스틱 마크는 총 일곱 가지로 나뉩니다. 우리나라에서는 플라스틱을 1~7번으로 구분하고 재활용하는데, 숫자가 작을수록 사용 빈도가 높고 재활용이 쉽습니다. 3번과 7번은 특별한 경우를 제외하고는 재활용이 되지 않습니다.

♲ 1 PET	페트병(PET, PETE) – 물병, 생수병, 음료수병
♲ 2 HDPE	고밀도폴리에틸렌(HDP, HDPE) – 단단한 플라스틱 용기나 페트병 뚜껑, 주방용기에 쓰이는 플라스틱
♲ 3 V	염화비닐(V, PVC) – 비닐 랩, 장판, 지우개, 파이프
♲ 4 LDPE	저밀도 플라스틱(LDPE) – 비닐봉지, 위생장갑, 종이컵 안쪽을 코팅할 때 사용
♲ 5 PP	폴리프로필렌(PP) – 우윳빛의 반투명 밀폐 용기, 텀블러
♲ 6 PS	폴리스타이렌(PS) – 스티로폼, 컵라면 용기, 장난감, 테이크아웃 뚜껑
♲ 7 OTHER	1~6번에 해당하지 않는 소재

Quest 03. 쓰레기 ZERO! 새활용품 만들기

이제 본격적으로 학생들이 새활용품을 만들어보는 시간입니다. 이 수업은 모둠 학습 방에서 이루어집니다. 이는 게더타운 시스템 안에서 제공하는 협업 문서 작성과 협업 그림판 프로그램을 활용하여 모둠별로 새활용품 디자인을 하게 됩니다. 협업 그림판과 문서는 각 모둠 토론방에 화이트보드 오브젝트를 통하여 활성화할 수 있습니다.

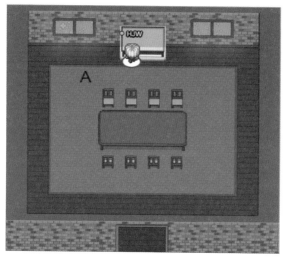

[그림 3-7-8] 협업 그림판 활성화 화이트보드

앞서 두 번째 룸에서 활동했던 우리 주변의 폐기물 또는 재활용품을 활용하여 새활용품을 제작해 볼 수 있도록 합니다. 물건의 원래의 용도가 무엇이고, 우리는 어떤 가치 또는 활용성을 추가할 것인지를 정합니다. 모두 완료하였으면 협업 드로우를 활용하여 새활용품 디자인을 시작합니다. 어떤 새활용품을 만들 수 있을지 생각해보고 함께 그림판에 디자인해봅니다.

각 환경에 따라서 모둠 구성원별로 여러 가지의 새활용품을 만들어보는 것도 좋습니다.

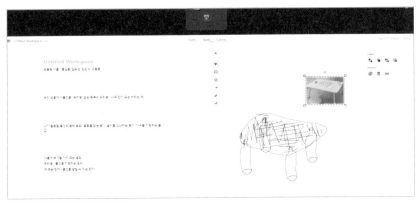

[그림 3-7-9] 협업 그림판을 이용한 디자인

Quest 04. 새활용품 발표하기

새활용품 디자인을 바탕으로 직접 새활용품을 만들어보았습니다. 각 가정에서 자신이 만든 새활용품을 사진으로 찍어서 포트폴리오에 새활용품 최종 결과물을 넣습니다. 모든 조가 협업 포트폴리오(프레젠테이션)를 완성하면 학생들은 자유롭게 각 모둠을 돌아다니면서 학생들의 작품과 그동안의 포트폴리오 활동을 감상하고, 칭찬할만한 점이나 조언을 포트폴리오 마지막 장에 넣어주면서 상호 평가를 하도록 합니다.

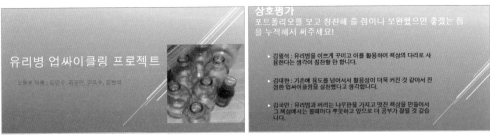

[그림 3-7-10] 협업 프레젠테이션을 통한 포트폴리오와 다른 조와의 상호 평가

8.   AI 착한 지구인 음악회 프로젝트

수업 자의 의도

　본 프로젝트는 인공지능을 활용한 환경 음악을 만들어 지구 공동체 사람들이 환경을 보전하는 마음을 함양시키기 위해 기획하였습니다. 학생들은 자신이 생각하는 환경에 대한 목소리를 음악으로 표현합니다. 음악을 처음 만드는 학생들은 작사하고 작곡하는 기능을 어려워할 수 있으므로 AI 프로그램과 에듀테크를 이용하여 음악 만드는 걸 도와줍니다. 학생들이 환경 음악을 만들고 발표하는 공간이 바로 메타버스입니다.

　메타버스는 학생들의 공간을 가상현실로 옮겨와서 학생들이 좀 더 재미있고 친숙하고 부담 없이 수업에 참여할 수 있습니다. 인공지능 활용 음악을 배우는 공간이 메타버스이며, 스스로 창작한 가사와 곡을 공유하는 공간도 메타버스입니다. 또한, 자신의 최종 산출물을 발표하고 서로 격려하며 환경의 목소리를 확산시키는 공간도 메타버스입니다. 인공지능의 원리를 활용한 환경 음악 창작 활동을 통해 학생들은 인공지능과 환경을 결합한 새로운 교육 경험을 할 수 있으며, 친구들이 만든 노래를 공유하면서 환경을 보전하고자 하는 다양한 아이디어에 감동하였습니다.

수업의 흐름

인공지능과 음악 창작(콘텐츠 연계) → 환경송 작사하기 → 환경송 작곡하기 → 착한 지구인 음악회

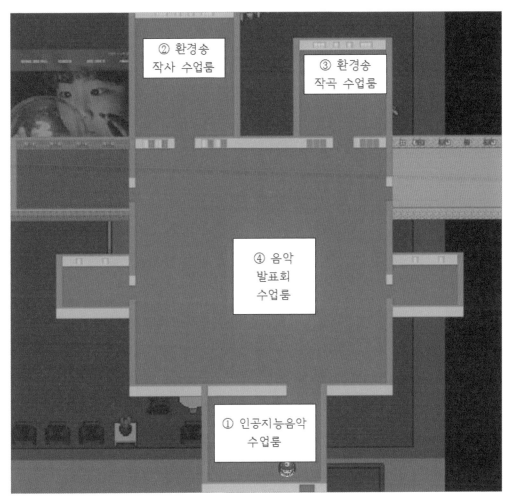

② 환경송 작사 수업룸

③ 환경송 작곡 수업룸

④ 음악 발표회 수업룸

① 인공지능음악 수업룸

[그림 3-8-1] 게더타운 구조도

이 프로젝트를 수행하기 위한 게더타운 구조도입니다. 게더타운 교실에는 총 네 개의 활동 룸이 있습니다. ① 인공지능 음악 수업 룸에서는 학생들이 인공지능을 활용하여 음악을 배우는 방법이 연결된 콘텐츠를 활용해 배울 수 있습니다. 자기 주도적으로 인공지능 이용 음악 만드는 방법을 배우게 됩니다. ② 환경송 작사 수업 룸에서는 학생들이 자신의 환경 목소리를 글로 작사하게 됩니다. 이때 패들렛을 이용하여 활동 결과물을 공유하고 서로 피드백합니다. ③ 환경송 작곡 수업 룸에서는 자신이 작사한 곡에 음을 만들어봅니다. 이때 '구글 송 메이커'를 활용합니다. 작곡을 쉽게 도와주는 송 메이커를 활용하여 학생들은 쉽게 음악을 만들 수 있습니다. 마지막으로 ④ 음악 발표회 수업 룸에서는 학생들이 만든 음악을 공유하고 발표하는 공간입니다. 이 공간에서 자신의 음악 창작물을 업로드하여 서로 음악을 즐기고 누릴 수 있는 공간을 마련하였습니다. 이어서 유튜브에 업로드한 환경송을 공유해서 환경 음악 발표회를 실시합니다. 서로 격려하고 즐기는 장을 통해 학생들은 환경 보전의 의지를 다지고, 이 노래를 주변 사람들에게 알려서 많은 사람이 환경 챌린지에 동참하도록 격려합니다.

이 수업에서는 학생들이 노래를 통해 자신의 환경 보전 의식을 표현하고 주변 사람들에게 환경을 보전하는 운동에 참여할 것을 독려합니다.

[표 3-8-1] 공간에 따른 수업 내용

단계	수업 내용
도입 [공간 1]	인공지능 활용 음악 창작 이해하기 – 인공지능으로 음악 하기 – 구글 송 메이커 활용 방법 익히기
전개 1 [공간 2]	AI+환경 캠페인 송 작사하기 – 인공지능 wordrow를 이용하여 작사하기 – 패들렛으로 공유하고, 학생 간 상호 피드백하기

전개 2 [공간 3]	AI+환경 캠페인 송 작곡하기 - 구글 송 메이커로 작곡하여 미디어 파일 제작하기 - 음악 배경에 노래 부르고 녹음하기 - 하나의 음악 파일로 만들기(음악 편집프로그램 활용) - 키네마스터, 오토드로우(인공지능 툴)로 음악과 가사, 사진으로 영상 제작하기
결론 [공간 4]	환경 작곡가에서 환경 운동가로 - 환경 캠페인 송 경청하기 - 다른 친구의 환경 보호 메시지 파악하기 - 환경 음악 발표회 준비하기 - 유튜브에 환경송을 공유해서 AI 환경 음악 발표회 하기 - 우리 반 친구들의 환경 캠페인 송 상호 평가하기

Quest 01. 인공지능과 음악 창작

환경 프로젝트의 시작을 알리는 수업 공간입니다. 학생들에게 이번 프로젝트의 수업 흐름을 안내하고 이 프로젝트에서 꼭 수행해야 할 과제를 안내합니다. 그리고 이 공간에서 인공지능을 활

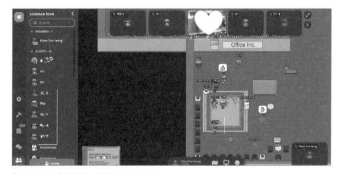

[그림 3-8-2] 인공지능 음악 수업 룸 모습

용한 음악 창작 과정을 이해하게 됩니다.

구글 프레젠테이션을 통해 우리 프로젝트의 비전 및 목표를 공유하고 비전에 대해 구체화해봅니다. 구체화한 수업 흐름을 함께 공유하며 수업에 대한 자신의 개별화된 목표를 정확하게 세웁니다. '착한 지구인 프로젝트'를 통해 학생들이 자신만의 목소리를 담은 음악을 만들고, 이렇게 만든 음악을 친구들과 공유하고 주변 사람들에게 확산하는 매개자의 역할이 된다는 것을 인지하게 됩니다.

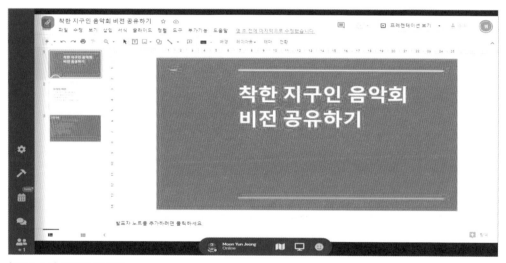

[그림 3-8-3] 수업 비전 공유하기

다음으로 연계된 콘텐츠를 통해 송 메이커의 특징을 알아봅니다. 가상 공간에서의 자기 주도적 학습을 통해 학생들이 경험적으로 습득할 수 있도록 합니다. 이후 송 메이커의 기능을 활용하여 각자 간단한 멜로디를 만들어봅니다. 이 단계는 작품을 완성하는 수준을 요구하는 것이 아니라 음악 창작에 흥미를 갖는 것을 목표로 해야 합니다.

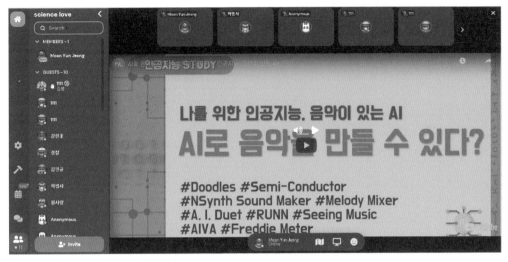

[그림 3-8-4] 인공지능과 음악 활용 콘텐츠 학습

Quest 02. 환경송 작사하기

이번 수업은 환경송을 작사하는 단계입니다. 이 공간은 환경 위기의 심각함을 알리고 지구를 보전하기 위해 실천하는 방법을 작사하는 공간입니다.

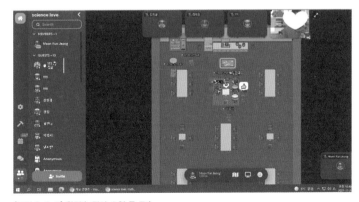

[그림 3-8-5] 환경송 작사 수업 룸 모습

'Bulletin Board' 오브젝트에 '환경 가사'를 작성할 수 있는 패들렛을 연결합니다. 학생들은 이 패들렛에 자신의 환경 목소리를 가사로 작성해봅니다. 교사가 환경에 대한 목소리를 학생들이 구조화할 수 있도록 도움을 줍니다.

[표 8-2] 환경 가사 예시

1	아침 먹고 땡 집을 나서지 말고 길거리에 쓰레기를 주워보자 그럼 지구는 날 좋아하게 돼 멋진 사람이 되는 거야
2	모두 지구를 위해~ 환경을 위해 노력해~ 모두가 함께한다면~ 언젠간 변화하죠~ 쉬운 것부터 시작해~ 나부터 실천해~ 미래를 향한 한 걸음~

친구들이 만든 환경 가사에 서로의 의견을 댓글로 달아줍니다. 친구의 가사 중 특히 환경에 대해 마음을 울리는 부분, 또는 강조해야 하는 부분, 고쳤으면 하는 부분을 익명으로 자유롭게 제시합니다. 디지털 리터러시 교육을 통해 인터넷상에서 상대방을 배려하며 비평하는 방법에 대해 메타버스에서도 교육합니다.

[그림 3-8-6] 환경 가사 만들기

수업 TIP: 패들렛 사용하기

패들렛은 쉽게 협업할 수 있는 온라인 툴입니다. 패들렛이란 하나의 작업공간에 많은 사람이 동시에 들어와서 접착식 메모지를 붙여 놓는 작업이 가능한 웹 애플리케이션입니다. 교실 수업에서 칠판에 붙이는 메모지를 웹상에서 함께한다고 보면 됩니다. 메모지를 가지고 수업 시간에 할 수 있는 거의 모든 활동이 가능합니다. 특히 파일 첨부가 가능하므로 사진을 모으거나 자료를 취합할 때도 유용하게 사용할 수 있습니다.

'https://padlet.com/'으로 접속을 한 후에 회원가입을 하고 사용하면 됩니다. 로그인하지 않고 공유 링크에 접속하여 '패들렛 만들기'를 누르면 자신만의 담벼락(패들렛)을 만들 수 있습니다.

Quest 03. 환경송 작곡하기

이번에는 자신이 쓴 환경 글에 어울리는 리듬과 음을 만들어봅니다. 이 수업 룸은 환경 음악을 작곡하는 공간입니다.

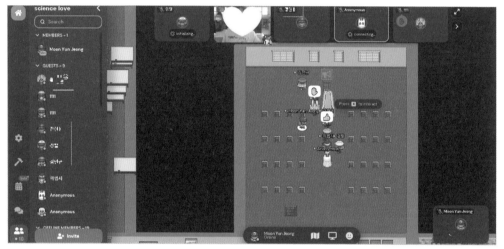

[그림 3-8-7] 환경송 작곡 수업 룸 모습

이 공간에는 구글 송 메이커를 활용하는 콘텐츠가 연결되어 송 메이커 활용 방법을 복습할 수 있습니다. 송 메이커는 간단하게 버튼만 누르면 리듬과 선율로 작곡할 수 있습니다. 또한, 리듬을 나타내는 악기와 선율을 나타내는 악기가 필요합니다. 작곡한 곡의 템포(빠르기)도 설정할 수 있습니다. 학생들이 녹음한 뒤, 링크로 간단히 공유할 수 있고 다운로드도 가능합니다.

[그림 3-8-8] 메타버스 안 패들렛 송 메이커 공유부분

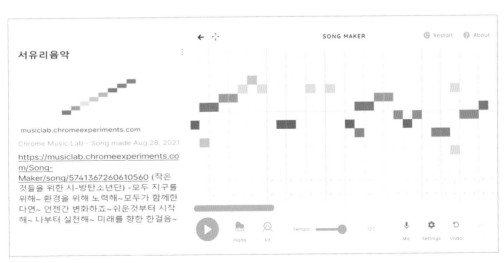

[그림 3-8-9] 송 메이커 환경송 작곡

다음으로 핸드폰 녹음기를 이용하여 자신이 부른 노래를 녹음하였습니다. 이때 컴퓨터로 자신이 작곡한 구글 송 메이커를 재생한 후 노래를 부르고, 이를 녹음하였습니다. 이렇게 만든 MP3 파일에 영상편집기를 활용하여 그림 뮤직비디오를 완성하였습니다. 이때 핸드폰이나 탭을 활용한 학생들은 키네마스터 앱을 주로 사용하였고, PC로 영상편집을 한 학생은 모바비 프로그램을 이용하였습니다. 이렇게 완성된 뮤직비디오를 자신의 비디오 채널에 업로드하였습니다. 이렇게 하여 자신의 환경 음악을 완성하였습니다.

[그림 3-8-10] 환경 그림 뮤직비디오 제작하기

수업 TIP: 송 메이커 사용하기

송 메이커는 구글에서 제공하는 무료 뮤직 믹서입니다. 이 앱을 활용하여 자신만의 음악을 쉽게 제작할 수 있습니다. 서로 다른 사운드와 리듬을 결합하여 원하는 음악을 쉽게 작곡할 수 있습니다.

송 메이커는 뮤직 메이커인 동시에 뮤직 믹서 및 뮤직 에디터이기도 합니다.

https://blog.naver.com/angsoo12/222312550436

Quest 04. 착한 지구인 음악회

이번 퀘스트에서는 '착한 지구인 음악회'를 실시합니다. 프로젝트의 마지막 산출 발표회입니다. 이 수업 룸에서 학생들은 자신이 창작한 환경 음악을 공유합니다.

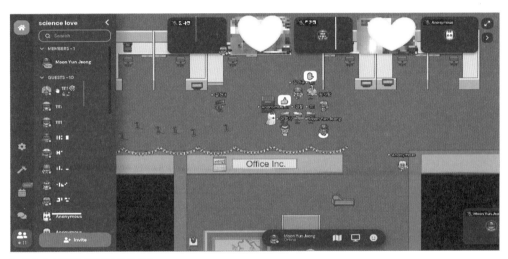

[그림 3-8-11] 음악 발표회 수업 룸 모습

학생들은 자신이 만든 환경송 그림 뮤직비디오를 마이크 오브젝트에 연결합니다. 이때 자신의 유튜브 채널에 있는 뮤직비디오 링크를 연결합니다. 다른 친구들의 작품도 마이크 인터랙션을 통해 감상할 수 있습니다. 환경 음악 발표회 참여 소감을 라디오 오브젝트에 연결된 패들렛에 작성해봅니다. 격려의 글도 함께 써줍니다. 학생들이 만든 환경 캠페인송을 공유한 음악회가 우리 학급을 넘어 많은 사람에게 널리 퍼지기를 희망했습니다. 학생들은 착한 지구인 프로젝트의 게더타운 공간을 학교와 가정, 마을 커뮤니티에 홍보하여 지구를 지키자는 학생들의 목소리를 널리 널리 퍼뜨렸습니다.

[그림 3-8-12] 착한 지구인 음악회 장면

04

함께그린
환경교육한마당
게더타운

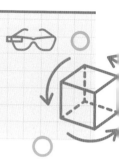

1. 함께그린 환경교육한마당 게더타운 활용

(1) 환경교육한마당 가상공간에서 소통하다

코로나19로 인해 환경교육한마당(https://bit.ly/환경교육한마당)을 게더타운 가상공간에서 진행하였습니다. 2021년 함께그린이 오름마당, 토론회, 교육감과의 간담회, 청소년 캠페이너 한마당 모두 온라인상에서 진행하였습니다. 이어 함께그린 환경교육한마당 역시 비대면으로 운영해야 하는 상황이었습니다. 온라인상에서 운영되더라도 다양한 학생들의 활동 결과를 발표하고, 전시하며, 둘러보고 체험할 수 있게 준비했습니다. 게더타운이 이 목적을 이룰 수 있는 플랫폼이 될 수 있겠다고 생각했습니다.

기후 위기, 자원순환, 생태 주제의 활동 결과를 발표, 전시, 체험할 수 있는 공간을 게더타운에 조성했습니다. 행사 후에도 지속해서 이 공간을 활용하고, 체험할 수 있도록 내용을 구성하였습니다.

생태 전환에 도움 되는 정보를 얻고, 인천의 생태체험프로그램과 장소에 대한 정보를 배치하여 행사 후에도 생태 전환 교육을 위한 공간으로 활용할 수 있도록 하였습니다.

[표 4-1] 환경교육한마당 게더타운 구성요소

요소	내용
발표회장	발표, 토론, 강의, 행사
토론방	원탁토론이 가능한 배치, 칠판, 패들렛
학교별 전시장	학교별 활동 영상, UCC, 캠페인 포스터(손팻말, 피켓 등 캠페인에 사용한 홍보 자료)
인천 생태체험	탐조대 ①~⑤ – 남동유수지의 저어새, 갯벌의 알락꼬리마도요, 갯벌의 흰발농게, 심곡천 금개구리, 서구와 강화도의 두루미 체험
생태 전환을 위한 정보	채식 가게 이름, 홈페이지
	공유센터, 아나바다 장터 정보, 홈페이지
	제로 웨이스트 가게 이름, 홈페이지
	인천의 생태체험 장소, 프로그램과 영상 링크 연결

(2) 환경교육한마당 게더타운 활용

① 발표회장, 토론방

게더타운 가운데 건물은 인천의 업사이클 에코센터 외향을 이용했습니다. 이 건물 내에 발표회장과 토론방을 만들어 놓았습니다. 발표회장은 교사 발표회, 학생활동 발표회 등의 장소로 활용하였습니다. 토론방은 모둠 토론을 위한 공간으로 10명 정도의 인원이 토론할 수 있습니다.

[그림 4-1] 환경교육한마당 게더타운 구성

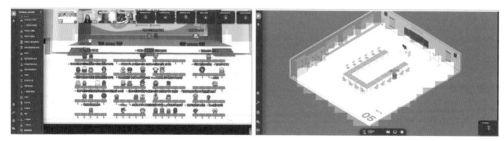

[그림 4-2] 발표회장(학생활동 결과 발표회)　　　　　　[그림 4-3] 토론방의 모습

② 학생활동 결과 전시장

게더타운에는 이미지, 유튜브나 비메오 영상, 웹사이트를 바로 연동할 수 있습니다. 하지

만 PDF를 올리려면 자체 서버가 필요했습니다. 그래서 저는 학생들의 활동 결과물을 전시할 수 있도록 메타박스에 가상전시관을 구축하였습니다. 메타박스(https://www.metabox.kr/)는 메타유니버스에서 독자적으로 개발한 3D VR 가상전시 플랫폼입니다. 학생들의 활동 결과물을 전시할 수 있는 메타박스는 환경동아리 활동, 기후 위기 캠페이너 한마당 참가 학교의 움짤영상, 캠페인 포스터 등의 활동 결과물을 전시하였습니다. 초 2교, 중 6교, 고 2교, 총 10교의 메타박스에는 기후 위기 대응을 위한 캠페인 영상, 캠페인을 위한 활동 영상을 전시하였고, 다른 다섯 개 학교 메타박스(초 1교, 중 2교, 고 2교)에는 캠페인을 위해 만든 팻말과 포스터 등을 전시하였습니다. 아래 [그림 4-6]은 옥련여고 메타박스 내부의 모습인데, 기후 위기 시대 채식의 중요성을 알리고, 채식 실천을 독려하기 위해 제작한 포스터를 전시하였습니다.

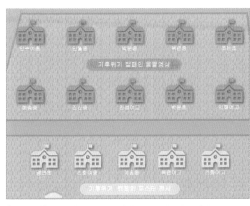

[그림 4-4] 학교별 활동 결과물 전시를 위한 메타박스 배치

[그림 4-5] 메타박스에 전시된 옥련여고의 채식 캠페인 포스터

  광장에 배치된 메타박스에는 30개의 환경동아리 활동 결과를 소개하거나, 체험을 안내하는 영상을 전시하였습니다. 이 메타박스는 활동 주제별로 배치되어 있어서 자신이 관심 있는 활동 주제를 찾아 체험할 수 있습니다. 아래 영상 캡처 사진은 '해님과 더불어 사는 우리'라는 제목의 활동 영상입니다.

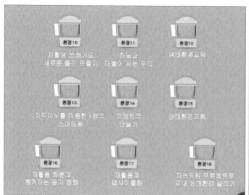

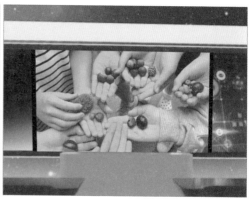

[그림 4-6] 학생 동아리 활동 안내

[그림 4-7] '해님과 더불어 사는 우리' 메타박스 속 영상(은봉초 활동 영상)

③ 활동 마무리를 위한 게임, 만족도 조사

기후 위기 시대의 환경교육은 앎을 넘어 행동하고, 실천하여 생태적인 삶으로의 전환을 목적으로 합니다. 이 환경교육한마당 게더타운은 생태 전환의 시작에 도움 주기 위한 내용으로 구성되어 있습니다. 그래서 활동의 마무리를 위해 방탈출 게임을 변형한 기후 위기 탈출게임과 만족도 조사 설문을 만들었습니다. 그리고 참여를 유도하기 위해 게더타운 곳곳에 배치하였습니다.

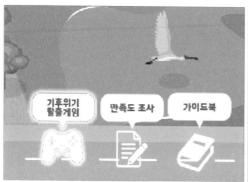

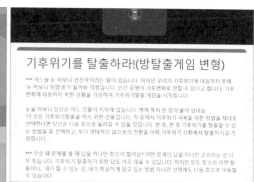

[그림 4-8] 기후 위기 탈출게임

[그림 4-9] 방탈출게임

(3) 가상공간에서 인천의 멸종위기종을 만나다

자연을 접하고 이해하는 건 오랜 시간을 갖고 지속해서 몸을 움직여 자연에 다가갈 때 가장 크게, 깊게 이해할 수 있다고 생각합니다. 그러나 코로나19의 상황에서 아이들과 함께 자연으로 나가기가 어려워졌습니다. 그래서 학생들이 자연을 깊게 이해하지는 못하더라도, 재미나고 경이로운 자연의 모습들을 최대로 가까이 찍은 영상이라도 함께 나누고 싶었습니다.

인천의 대표적인 생물 종을 관찰할 수 있는 서식지를 정해 게더타운의 배경을 만들었습니다. 남동유수지, 갯벌, 심곡천, 서구나 강화 습지를 표시하였습니다. 그리고 그 장소에 탐조대 모양의 메타박스를 설치하고 그 안에 각 서식지에서 관찰할 수 있는 생물 종의 근접 촬영 영상, 정보(문서), 활동 영상(예: 노래 공연) 등을 담아 두었습니다.

[표 4-2] 게더타운에서 체험할 수 있는 생물 종과 서식지

게더타운 위치	체험 생물 종	대표적 인천의 서식지
탐조대 ①	저어새	남동유수지
탐조대 ②	알락꼬리마도요	고잔갯벌, 영종갯벌, 강화갯벌
탐조대 ③	흰발농게	고잔갯벌, 영종갯벌
탐조대 ④	금개구리	심곡천
탐조대 ⑤	두루미	강화 남단 갯벌, 논

탐조대 ①은 남동유수지의 실제 위성사진과 저어새를 참고로 하여 배경으로 그렸고, 그곳에 만든 탐조대 ① 메타박스에는 저어새 영상, 저어새를 소개하는 글과 저어새작은학교 학생들의 노래하는 영상을 배치하였습니다.

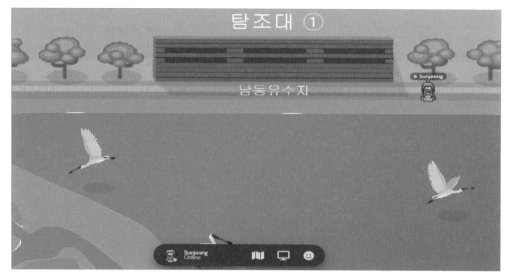

[그림 4-10] 탐조대 ①은 남동유수지를 설정함.

[그림 4-11] 탐조대 ① 메타박스 내부에서 저어새 근접 촬영 영상, 문서자료, 활동 영상(저어새 노래) 등을 배치함.

탐조대 ④는 인천의 서구 청라지역에 있는 심곡천과 주변 습지를 나타냈는데, 이곳의 멸종위기종인 금개구리를 소개하는 영상과 설명자료를 배치하였습니다.

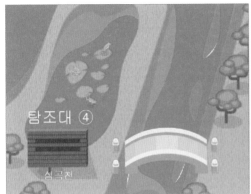

[그림 4-12] 탐조대 ④의 심곡천 설정

[그림 4-13] 심곡천에서 관찰할 수 있는 금개구리 영상

[그림 4-14] 금개구리에 대한 설명

(4) 생태 전환을 위한 정보를 얻다

인천에서 이용할 수 있는 채식 가게, 공유센터, 제로 웨이스트 가게, 인천의 생태체험 장소, 환경단체가 운영하는 체험프로그램이나 활동 소개 영상 등을 배치해 놓았습니다.

[그림 4-15] 생태 전환을 위한 채식 식당, 제로 웨이스트 숍, 공유
센터 정보 제공

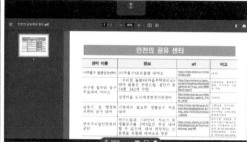

[그림 4-16] 인천에서 이용할 수 있는 공유센터 정보 제공

[그림 4-17] 인천의 사회환경교육 분야의 프로그램 정보

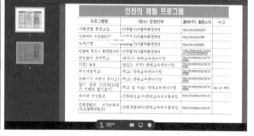

[그림 4-18] 체험프로그램과 주관단체, 연락처를 제공함

[그림 4-19] 자투리 가죽 활용 체험 영상(업사이클에코센터)

[그림 4-20] 저어새 보전 활동 소개-가락지 작업(저어새네트워크)

다빈치 books

다빈치 books   효과적인 학습 전략 수립을 도와주는 책들

에듀테크 FOR 클래스룸 :
한 권으로 끝내는 원격 수업 도구의 모든 것

박찬, 김병석, 전수연, 전은경, 진성임, 정선재, 강윤진, 변문경 | 416쪽 | 25,000원

원격수업에 필요한 모든 디지털 도구의 활용 노하우를 이 한 권에 담았습니다.
온·오프라인 수업에 에듀테크를 더하면 더 편리하게 흥미로운 수업을 설계하고 실현할 수 있습니다.

주요 내용: 온라인 수업, 블랜디드 러닝, 플립트 러닝, 디지털 리터러시, 띵커벨, 키훗, 페들렛, 멘티미터, 실시간 쌍방향 수업, 줌(Zoom), 구글 Meet, 카카오 TV, 영상녹화, PPT 녹화, 윈도우 게임 녹화, OBS, zoom it, 영상편집, 클로버더빙, 브루(Vrew), 곰믹스 (Gom Mix), 유튜브영상 올리기, 무료 폰트, 무료 이미지, 무료 음원, 미리캔버스, 구글 플랫폼 활용하기, 구글 설문, 구글프리젠테이션, 구글스프레드시트, 구글 사이트 도구

우리 아이 AI: 4차 산업혁명 시대 인공지능 융합교육법

박찬, 김병석, 전수연, 전은경, 홍수빈, 진성임, 문혜진, 김성빈, 정선재, 강윤진,
변문경, 권해연, 박서희, 이정훈 공저 | 320쪽 | 24,000원

인공지능 교육은 어떤 방향성을 가지고 진행해야 할까요? 인공지능 교육에 대한 정보, 고민과 해답을 "우리 아이 AI" 이 한 권에 담았습니다. 인공지능 교육은 일상생활에서 문제를 해결을 위한 인공지능 활용 교육이 중심이 되어야 합니다. 인공지능 교육에 대한 방향성, 선진 인공지능 교육 사례, 스마트 폰 속 인공지능 도구에 대한 교육적 활용 방법을 소개한 첫 책입니다.

쉽게 따라 하는 인공지능 FOR 클래스룸

박찬, 전수연, 진성임, 손미현, 노희진, 정선재, 강윤진, 이정훈 | 212쪽 | 18,000원

온·오프라인 수업에서 인공지능을 활용할 수 있는 가장 실용적인 지침서입니다.
온·오프라인 수업에서 실현하는 인공지능 에듀테크의 모든 것을 이 한 권에 담았습니다.

4차 산업 수업 혁명: with STEAM 교육 & Maker 교육

최인수, 변문경, 박찬, 김병석, 박정민, 전수연, 전은경 공저 | 264쪽 | 25,000원

STEAM 융합 교육에서 SW 교육으로 더나아가 만들기 활동으로 세상과 상호작용할 수 있는 메이커 교육이 확대되고 있습니다. 이렇게 교육 혁신이 가속화되는 이유는 4차 산업혁명으로 사회, 경제적 시스템이 변화하며 미래 인재상도 변화하기 때문입니다. 이러한 교육의 패러다임의 전환기에, 본 책은 인간 본연의 창의성을 강화하기 위한 메이커 교육의 역사와 정신, 방향성을 제시하고 있습니다. 또한 이 책의 저자들은 코딩 교육, STEAM 융합 교육, 그리고 메이커 교육의 이상적인 통합 방법을 사례를 통해 보여줍니다.